FRIEDRICH SCHILLER: DER VERBRECHER AUS VERLORENER EHRE

von

RAINER KAWA

VERLAG MORITZ DIESTERWEG

Frankfurt am Main

Die Reihe wird herausgegeben von Hans-Gert Roloff.

CIP-Titelaufnahme der Deutschen Bibliothek

Kawa, Rainer:
Friedrich Schiller, Der Verbrecher aus verlorener Ehre / von Rainer Kawa.
– 1. Aufl. – Frankfurt am Main: Diesterweg, 1990.
(Grundlagen und Gedanken zum Verständnis erzählender Literatur)
ISBN 3-425-06162-3

ISBN 3-425-06162-3

1. Auflage 1990

©1990 Verlag Moritz Diesterweg GmbH & Co., Frankfurt am Main.

Umschlaggestaltung: Reinhard Schubert, Frankfurt am Main

Gesamtherstellung: graphoprint, Koblenz

Inhalt

1 Allgemeine Grundlagen

1.1 Stoff- und Entstehungsgeschichte

Die Orte, an denen Schiller aufwuchs, sind Teil des Schauplatzes, auf dem sich Leben und Sterben des Räubers Friedrich Schwan abspielten, und manches spricht dafür, daß Schiller bereits als Kind mit dem Schicksal dieses Mannes vertraut wurde, »von dem damals durch ganz Würtemberg viel gesprochen wurde« (J. F. Abel, NA 42/15; vgl. Brandstätter 1984, S. 67 – 93). Nähere Kenntnis davon erlangte er wohl erst durch mündliche Mitteilungen seines Stuttgarter Lehrers Jacob Friedrich Abel, dessen Vater als Oberamtmann in Vaihingen Schwan festgenommen hatte. Abel bezeugt solche Gespräche; auch ist zu vermuten, daß er die Räubergeschichte in seinen Vorlesungen als Exempel benutzte.

Auch Abel hat dem Leben dieses berühmten Verbrechers eine ausführliche, historisch recht verläßliche Darstellung gewidmet (1787). Dadurch wurde ein langer Streit veranlaßt, ob Schiller das Manuskript Abels bereits vor der Niederschrift seiner eigenen Geschichte gelesen habe oder ob umgekehrt Abel erst durch Schillers Veröffentlichung zum Schreiben angeregt worden sei. Für die Abhängigkeit Schillers vom Abelschen Manuskript hat Carl Philipp Conz argumentiert; seine Behauptung, Schiller sei »mit der Geschichte [...] des schwäbischen Sonnenwirths erst in Mannheim« anläßlich eines Treffens mit Abel bekanntgeworden (1822), hat zunächst Schule gemacht. Heute ist aber davon auszugehen, daß Abel seinen Bericht erst niederschrieb, nachdem er Schillers Erzählung gelesen hatte, also wahrscheinlich mit der Absicht, diese zu ergänzen und zu korrigieren (vgl. Stoeß 1913, S. 15 – 32; Heynen 1913, S. 10 – 12).

Nichtsdestoweniger kann die Abelsche Darstellung im großen und ganzen als die Dokumentation dessen verstanden werden, was Schiller von dem Stoff wissen konnte, wenn auch nicht auszuschließen ist, daß er Einzelheiten vergessen oder daß Abel in der schriftlichen Fassung Ergänzungen vorgenommen hat. Ein Vergleich der beiden Texte kann also dazu dienen, die Überformungen aufzuzeigen, denen Schiller das, was ihm als historische Faktizität bekannt war, unterzog, und so die spezifische Intentionalität der Geschichte zu verdeutlichen. Auf dieses Verfahren sind wir um so mehr verwiesen, als Reflexionen Schillers (oder anderer) über Konzeption und Fortgang der Arbeit an der Geschichte nicht überliefert sind.

Die Entstehung des *Verbrecher aus verlorener Ehre* ist eng mit dem Zeitschriftenprojekt der *Thalia* verknüpft; die Geschichte erschien im zweiten Heft dieser Zeitschrift (Berresheim 1914; Hocks/Schmidt 1975, S. 18 – 20). Damit sind – vermittelt über programmatischen Zweck und ökonomische Zwänge – Beziehungen zur zeitgenössischen Literaturgesellschaft gegeben, deren Studium ein bezeichnendes Licht auf die Geschichte wirft. Wir werden die Geschichte vom *Verbrecher aus verlorener Ehre* als Exempel massenwirksamer Aufklärung zu begreifen haben;

aus diesem Befund ergeben sich Hinweise darauf, warum Schiller den Stoff wählt und warum er sich bestimmter literarischer Gestaltungsmittel bedient.

Vom 1. September 1783 bis zum 31. August 1784 verdiente Schiller seinen Lebensunterhalt als Theaterdichter in Mannheim. Die Pläne, die er mit dieser Funktion verband – insbesondere das Vorhaben einer Dramaturgie – zerschlugen sich indes. Schillers Vertrag wurde nicht mehr erneuert. Seine materielle Lage war schlecht, Schulden drückten ihn. In dieser Situation faßte er den Plan zur Herausgabe einer Zeitschrift.

Im März 1785 erschien das erste Heft der *Thalia* – unter dem Titel *Rheinische Thalia* – in Mannheim im Selbstverlag; die Einnahmen waren gering. Um Schiller auf verdeckte Weise finanziell zu unterstützen, vermittelten die Freunde Huber und Körner den Wechsel der Zeitschrift in den Leipziger Verlag von J. J. Göschen. Nach Leipzig und Dresden verlegte Schiller im April 1785 auch seinen Wohnsitz und verfaßte dort die Beiträge für seine Zeitschrift weitgehend selbst.

Am 29. November kann er einen ersten Teil des Manuskripts für das zweite Heft an Göschen senden, u. a. mit dem *Verbrecher aus Infamie*, wie der Titel in der Erstausgabe lautet. Das Heft erscheint im Februar 1786. Doch der Absatz der Zeitschrift bleibt weiterhin mäßig. Nach Erscheinen des vierten Hefts muß Göschen, »um die ersten Stücke fortzuschaffen«, die restlichen Exemplare unter neuem Titel zusammenbinden (Göschen an Schiller, März 1787; vgl. Berresheim 1914, S. 43). Eine neue Auflage erlebt die Geschichte erst 1792 im ersten Band der *Kleinen prosaischen Schriften*.

Aus diesen Zusammenhängen – und aus den brieflichen Äußerungen Schillers und anderer – wird deutlich, wie stark das ganze Zeitschriftenprojekt darauf abzielte, Schillers materielle Situation abzusichern. Dementsprechend sah sich Schiller gezwungen, den Geschmack breiter Publikumskreise zu berücksichtigen und Zugeständnisse an die marktgängige Trivialliteratur zu machen. Auf diesem Hintergrund erklärt sich auch, warum Schiller die Geschichte anonym erscheinen ließ, nämlich um die Teilnahme möglichst vieler Autoren an dem Projekt zu suggerieren (vgl. Stoeß 1913, S. 11 f.).

Schiller hat die Journalarbeit, zu der er sich durch »Speculazionen des Handels« (Schiller an Huber, 7. 12. 1784, NA 23/170) veranlaßt sah, gehaßt. Doch zugleich versprach er sich durch sie einen produktiven Einfluß auf das breite Publikum. Die *Thalia* war ihm nicht nur Broterwerb, sondern Vehikel seiner Aufklärungsintentionen.

»Für Schiller übte die Anknüpfung an die ›Massenliteratur‹ seiner Zeit (vor allem an die Trivialliteratur und die journalistische Publizistik) eine ähnliche Funktion aus wie vorher der Anschluß an die Volkspoesie für Goethe. Es ging beiden um die Gewinnung eines möglichst massenwirksamen Mediums zur Stimulierung der ästhetischen und ideologischen Kommunikationsprozesse zwischen Autor, Werk und Publikum bzw. Leserschaft auf gesamtnationaler Grundlage.« (Dau 1970, S. 165)

Schiller reflektiert seine Aufklärungskonzeption bereits früh in dem Schaubühnen-Aufsatz von 1784 (SW V/818 – 831). Die Erfahrungen in Mannheim führen dazu, daß er zunächst nicht mehr so sehr durch die Dramatik, sondern durch die Publizistik den Zugang zum Publikum sucht. So bestimmt er auch in der »Ankündigung der Rheinischen Thalia« als deren Zweck die »Volksbildung« (SW V/854 – 860, hier S. 857), ein Synonym für ›Aufklärung‹. In der »Vorrede« zur Pitaval-Ausgabe macht er deutlich, daß hierzu an den unausgereiften ästhetischen Bedürfnissen der Massen, wie sie ansonsten von der Trivialliteratur bedient werden, angeknüpft werden muß, an »dem allgemeinen Hang der Menschen zu leidenschaftlichen und verwickelten Situationen«. Den schlechten Schriftstellern seien die »Kunstgriffe« abzuschauen, um von ihnen »zum Vorteil der guten Sache« Gebrauch zu machen (SW V/864 – 866, hier S. 864 f.). Als Beispiel nennt er historische Kriminalfälle; in der »Ankündigung« verweist er auf »Gemälde merkwürdiger Menschen und Handlungen« und auf »Phänomene, die sich in irgendeine merkwürdige Verbesserung oder Verschlimmerung auflösen« (SW V/857). All diese Bestimmungen sind an der Geschichte vom *Verbrecher aus verlorener Ehre* wiederzufinden.

Auch in den Briefen Schillers wird deutlich, daß er sich, um seine Zwecke zu erreichen, darauf verwiesen sieht, an den Anforderungen des literarischen Marktes anzuknüpfen.

»6. Bei einem großen Kopf ist jeder Gegenstand der Größe fähig. Bin ich Einer so werde ich Größe in mein historisches Fach legen.
7. Weil aber die Welt das *Nützliche* zur höchsten Instanz macht, so wähle ich einen Gegenstand, den die Welt auch für nützlich hält. Meiner Kraft ist es eins oder soll es eins seyn – also entscheidet der Gewinn.
8. Ist es wahr oder falsch daß ich darauf denken muss, wovon ich *leben* soll, wenn mein dichterischer Frühling verblüht? Hältst *Du* es nicht für beßer, wenn ich mich entfernt auf eine Zuflucht für spätere Jahre bereite?« (Schiller an Körner, 18. 1. 1788, NA 25/5 f.)

Es wird zugleich deutlich, daß er seinen diesbezüglichen Versuchen mit Distanz gegenübertritt.

»Hier macht die Thalia wieder schrecklich viel Aufsehen; sie circulirt durch alle Häuser, und mir werden gar erstaunlich schöne Sachen darüber gesagt. Soviel ist indessen gewiß, daß ich mir diesen Geschmack des Publikums zu Nutzen machen und soviel Geld davon ziehen werde, als nur immer möglich ist.« (Schiller an Körner, 17. [15.] 5. 1788, NA 25/59)

Und der Abbruch des *Geisterseher*-Projekts läßt erkennen, daß Schiller nicht bereit ist, den trivialliterarischen Anforderungen über ein gewisses Maß hinaus entgegenzukommen (Dau 1970, S. 175).
Einschränkend ist festzuhalten, daß Schillers Kalkül nicht durchweg aufging. Die *Thalia* kam nie aus der ökonomischen Krise heraus, und Schiller wandte sich bald – beginnend mit der Bürger-Rezension – von aufklärerischen Volkstümlichkeitskonzepten ab (Berghahn 1974). Auf dem Felde der Geschichtsschreibung wirken solche Positionen noch am ehesten fort.

»Was Körner aus seinen Vordersätzen auf *meinen* Beruf zur Geschichte anwendet mag immer richtig seyn. Ich werde immer eine schlechte Quelle für einen künftigen Geschichtsforscher seyn, der das Unglück hat, sich an mich zu wenden. Aber ich werde vielleicht auf Unkosten der historischen Wahrheit Leser und Hörer finden und hie und da mit jener ersten philosophischen zusammentreffen. Die Geschichte ist überhaupt nur ein Magazin für meine Phantasie, und die Gegenstände müssen sich gefallen laßen, was sie unter meinen Händen werden.« (Schiller an Caroline von Beulwitz, 10. [und 11.] 12. 1788, NA 25/154 f.)

»Mit der Hälfte des Werths den ich einer historischen Arbeit zu geben weiß, erreiche ich mehr Anerkennung in der sogenannten gelehrten und in der bürgerlichen Welt als mit dem größten Aufwand meines Geistes für die Frivolität einer Tragödie.« (Schiller an Körner, 7. 1. 1788, NA 25/2)

Der *Verbrecher aus verlorener Ehre* ist auch in diesem Kontext zu verstehen.

Historische Treue zeichnet dagegen, trotz lehrhafter Tendenzen, den Bericht Abels aus. Abel schreibt nicht als Historiker, sondern als Moralphilosoph und Psychologe: Er will am Fall des Räubers Schwan Elemente seines Menschenbilds demonstrieren.

»Da nur Tugend und Weisheit glücklich machen können, ist die richtige Erkenntnis der Natur des Menschen Bedingung für das Glück. Aufgabe der Psychologie ist es, den aufgeklärten Begriff von Glück durch Weisheit und Tugend so in Anwendung zu bringen, daß er den ganzen Menschen durchdringt und so eine weise, tugendhafte und starke Seele bildet. [...] Es geht ihm darum, die charakterliche und psychische Ausgangslage und Entwicklung Schwans in moralischer Hinsicht darzutun, darum, aufzuzeigen, daß selbst bei fortgeschrittenster Verderbnis der Seele noch Spuren von Tugend und Menschlichkeit übrig sind, die dann durch geschickt angewandte Besserungsmittel nach der endgültigen Verhaftung, in Reue über das vergangene Leben hinführen zu neuen Gesinnungen von Moral und Religion. Es geht also um den Weg in Laster und Seelenverderben, der, an seinem tiefsten Punkt angelangt, umschlägt und zum Weg der Bekehrung wird.« (Bennholdt-Thomsen/Guzzoni 1979, S. 125 f.)

Sehr viel ausführlicher als Schiller und mit konträren Akzenten gibt Abel die Sozialisation Schwans wieder. »Alles schien sich erst zu vereinigen, um seine glücklichen Anlagen zu begünstigen« (J. F. Abel 1787, zit. nach: Mahl 1983, S. 31). Die Erziehung wird mit Sorgfalt betrieben; ein früher Tod des Vaters ist nicht zu beklagen. Die Ursachen für die Fehlentwicklung Schwans sieht Abel nicht in einer Negation von dessen Bedürfnissen, sondern im Gegenteil darin, daß kein veredelnder Zwang zur Entsagung auf ihn eingewirkt habe. So hätten sich die Affekte ungezügelt entwickelt (ebd., S. 33 f.). Ergänzend führt Abel den verrohenden Einfluß des Metzgerhandwerks und den ständigen Aufenthalt in der Wirtschaft an (ebd., S. 34).

Im Jünglingsalter macht sich Schwans Sinnlichkeit als unbeherrschte Leidenschaft, als Laster, geltend. Mangels entsprechender Zügelung entwickelt sie sich nicht zur »Triebfeder verfeinerter und edler Gesinnungen« (ebd., S. 35). Zur Befriedigung seiner »Wollust« braucht Schwan Geld, und dieses Bedürfnis veranlaßt ihn zum Diebstahl und schließlich zur Wilddieberei. Letzteres Vergehen wird von Abel deutlich kritischer bewertet als von Schiller (ebd., S. 36).

Abel beschreibt detaillierter als Schiller die kriminelle Karriere Schwans. Dieser beraubt schon früh seinen Vater; unterbrochen von Phasen der scheinbaren Besserung setzt er diesen Gelderwerb fort.

»Somit reduziert er [Schiller – R. K.] die devianten Handlungen des jungen Schwan (bzw. Wolf) nicht nur mengenmäßig, sondern auch in der Motivation: die Taten eines ausgelassenen, verwöhnten, wohlhabenden (wenn auch vom Vater kurz gehaltenen) jungen Mannes werden bei ihm zu einer einzigen zusammengebündelt, der Wilddieberei, die [...] den Beginn der kriminellen Karriere markiert.« (Bennholdt-Thomsen/Guzzoni 1979, S. 123 f.)

Entscheidend für das weitere Schicksal wird bei Abel wie bei Schiller der Mord am Widersacher. Im Gegensatz zu Schillers Darstellung berichtet aber Abel, daß Schwan seine Geliebte schließlich für sich gewinnt und heiratet; der Widersacher hat ihn nicht bei dem Mädchen ausgestochen, sondern er ist bloß auf das auf Schwan ausgesetzte Kopfgeld aus.

Friedrich Schwan erscheint bei Abel als großer Liebender. Die Liebe zu der »Müllerin«, der »Tochter eines armen Bauern« (J. F. Abel 1787, zit. nach: Mahl 1983, S. 39), die von dieser erwidert wird, scheint Schwan auf den rechten Weg zurückführen zu können. Er will mit ihr »ein stilles und ehrbares Leben« führen (ebd., S. 40). Es kommt zur Verlobung, doch der endgültigen Verbindung stellen sich Hindernisse in den Weg.

Abel begründet Schwans Abkehr von der Müllerin und seine Verbindung mit der Räuberin Christine Schlettinger mit dem Umstand, daß ihn stets »der gegenwärtige Eindruck ausschließlich beherrschte«, sowie mit Schwans »Gewissensangst« (ebd., S. 47), die auf Zerstreuung und Veränderung hindrängt. Doch läßt er auch gelten, daß Schwan sich der Zuneigung der Müllerin verlustig geglaubt habe, ja daß er die Beziehung zunächst abgebrochen habe, um das Mädchen nicht unglücklich zu machen.

Nach der Gefangennahme sind es die Begegnungen mit den beiden Frauen, die bei Schwan die Bereitschaft zur Reue hervorrufen; die Versöhnung mit Christine erscheint als der Höhepunkt seiner moralischen Läuterung (ebd., S. 61, 63, 69, 71).

Von all dem findet sich bei Schiller nichts. Für den Verzicht darauf, eine positive Liebesbeziehung des Helden darzustellen, sind zwei Gründe erkennbar. Zum einen ist für Schiller die Liebe das Signum der Vollkommenheit, also nicht vereinbar mit der moralischen Stufe, auf der er seinen Helden zunächst ansiedelt, welche nämlich durch das Vorherrschen der tierischen Triebnatur bestimmt ist: so sticht die schließliche Apotheose um so glänzender ab. Zum anderen dient ihm die Ablehnung von Seiten Hannchens zur Veranschaulichung der These, daß Wolfs Entwicklung zum Verbrecher darauf beruhe, daß die Gesellschaft seine Bedürfnisse negiert, ja seine ganze Persönlichkeit abweist.

Auffällige Unterschiede zwischen Abel und Schiller finden sich auch darin, wie die Umkehr des Helden verstanden wird. Abel gesteht Schwan zwar zu, daß er immer wieder Zeichen der Tugendhaftigkeit gezeigt habe, »Spuren der übriggebliebenen Menschlichkeit« (ebd., S. 52). »Die Zuckungen der wiederkehrenden Tugend waren indeß niemals dauerhaft.« (ebd., S. 56) Auch berichtet Abel von dem erfolglosen Versuch Schwans, bei seinem Fürsten Vergebung zu erwirken – mittels des Angebots, eine jüdische Räuberbande zu verraten.

Doch eine wirkliche Umkehr erfolgt erst nach der Verhaftung, bei der Schwan, sofort als der berüchtigte Räuber erkannt, gar nicht erst die Chance zur Selbstauslieferung hat. Die Besserung verdankt sich nicht so sehr der eigenen Initiative Schwans, sondern ist das Werk der Männer, die ihm seine ausweglose Situation aufzeigen und ihm ins Gewissen reden. Sie wird begriffen als Reue und Hinwendung zum Jenseits mit der Hoffnung auf göttliche Gnade. Die Reue äußert sich in der Bereitschaft zum Geständnis und zum Verrat der ehemaligen Bandenmitglieder sowie in der inneren Zustimmung zur eigenen Hinrichtung. Diese Schilderungen Abels folgen konsequent dem Begriff eines obrigkeitsstaatlich geprägten Christentums, und hierin muten sie heute durchaus zynisch an. Um so mehr sticht die Gestaltung der Selbstauslieferung Wolfs durch Schiller ab.

Schillers Veränderungen sind zum Teil auch in erzählökonomischen Erwägungen begründet. Dies führt zu Raffungen und Akzentuierungen. Darüber hinaus will er Thesen zur Genese des Verbrechens exemplifizieren, die sich – wie noch zu zeigen sein wird – mit dem historischen Fall nicht vertragen und daher gravierende Veränderungen notwendig machen. Insgesamt stellt er ein Menschenbild dar – vor allem in der Selbstauslieferung –, das über die Auffassungen Abels hinausweist; auch dies führt zu stofflichen Änderungen. Andererseits ist nicht zu verkennen, daß Abel dank seiner höheren historischen Authentizität in der Lage ist – trotz allen mit der Darstellung verfolgten ideologischen Zwecken –, konkreter und komplexer zu psychologisieren als Schiller.

Daß Schiller sich der Differenzen seiner Gestaltung zum historischen Stoff bewußt ist und sie für wesentlich erachtet, zeigt sich in dem neuen Namen, den er dem Helden verleiht. Zu fragen wäre, warum er gerade den Namen Christian Wolf wählt. Es kann lediglich vermutet werden, daß er damit auf das Raubtier anspielt; nicht auszuschließen ist auch, daß hier eine ironische Anspielung auf die Vollkommenheitslehre des gleichnamigen Aufklärungsphilosophen intendiert wird.

1.2 Sozial- und zeitgeschichtliche Voraussetzungen

Die Geschichte vom *Verbrecher aus verlorener Ehre* erschließt sich dem heutigen Leser zunächst aus sich selbst heraus, gerade auch wegen der zutage liegenden Aktualität ihrer Aussagen. Zugleich nimmt sie in einem Ausmaß und einer Bestimmtheit, welche sich am Text selbst nicht ohne weiteres ablesen lassen, Bezug auf zeitgenössische Anschauungen. Wo dies aus dem Blick verloren wird, gerät die Deutung schnell in die Gefahr subjektiver Willkür.

Dies betrifft zunächst die besondere soziale und ideologische Bedeutung, die im 18. Jahrhundert dem Wilddiebstahl zukam, dies betrifft weiter den Stellenwert des

Textes im Rahmen der zeitgenössischen Kontroverse um die Strafrechtstheorie, und dies betrifft insbesondere das Verhältnis Schillers zum Menschenbild der Aufklärung.

Schiller gestaltet im *Verbrecher aus verlorener Ehre* ein Menschenbild, das vielfältig Traditionen aufklärerischen Denkens reflektiert. Das Insistieren auf dem Anteil des Gesellschaftlichen bei der Konstituierung der Persönlichkeit, die Schlußfolgerung daraus, die Gesellschaft um der Fehlentwicklung eines Menschen willen anzuklagen, weiter die Parteinahme für das fehlgeleitete Individuum und schließlich die Überzeugung von den positiven Entwicklungsmöglichkeiten eines jeden Menschen, all dies sind dabei Momente, die auch in unserem heutigen Bild vom Menschen eine wichtige und immer wieder umstrittene Rolle spielen. Aus solcher Aktualisierbarkeit heraus kann man aber leicht übersehen, in welchem Maße der Argumentationsgang Schillers historisch-konkreten Denktraditionen verpflichtet ist und – von heute aus gesehen – nicht nur ›Unabgegoltenes‹ und daher noch Gültiges, sondern eine historisch-einmalige, von der ideologischen Entwicklung inzwischen überholte Stellung des Problems bezeichnet.

Indem man sich die philosophisch-begrifflichen Problemstellungen vor Augen führt, die sich in der Geschichte vom *Verbrecher aus verlorener Ehre* ausschnittweise und auf spezifisch literarische Weise spiegeln, gelangt man zu einem klareren Verständnis von Schillers Aufklärungsintention. Damit wird auch die Frage berührt, inwieweit Schillers Text nicht nur als ästhetisches Gebilde, sondern als Bestandteil des pragmatischen Diskurses der philosophisch-psychologischen Aufklärung zu nehmen sei. Und es ergeben sich Hinweise auf Gründe für die im weiteren noch zu konstatierende Widersprüchlichkeit der Problemansätze, unter denen das Schicksal Christian Wolfs verhandelt wird.

Damit sind die Bezüge zur zeitgenössischen Wirklichkeit nicht erschöpft. So bezieht sich Schiller etwa prononciert kritisch auf die Funktion des Strafvollzugs (vgl. Quanter 1904; Gebauer 1931), und er geht von der damaligen allgemeinen Verbreitung des Räuberwesens ganz selbstverständlich aus. Die Kenntnis der letztgenannten Zusammenhänge entscheidet am Ende wohl ebensowenig über das richtige Verständnis der Geschichte wie das Wissen davon, daß sie auf historisch verbürgten Ereignissen und Gestalten beruht. Trotzdem sollen diese Gesichtspunkte nicht völlig entfallen. Die Tatsache, daß Christian Wolf keine Phantasiegestalt Schillers ist, auch nicht bloß ein bereinigtes Konstrukt einer volkstümlichen Legendengestalt, sondern daß durch die Figur des Helden hindurch das tatsächliche Leben und Leiden eines Menschen aufscheint, sollte der Erinnerung wert sein.

Was das Räuberwesen betrifft, so verzichten wir auf einen entsprechenden historischen Exkurs; denn Schiller berührt diesen Aspekt nur knapp: er schöpft die ideologische Spannbreite und Widersprüchlichkeit des Räuberbilds nicht aus und begnügt sich – mit wenigen Einschränkungen – mit der Gleichsetzung des Räubers mit dem als verwerflich begriffenen Verbrecher (vgl. Küther 1976; Das Räuberbuch 1974).

Schillers Erzählung beruht auf dem *Schicksal des Wirtssohnes Friedrich Schwan* aus Ebersbach an der Fils. Dieser Räuber erregte zu seiner Zeit erhebliches öffentliches Aufsehen, sein Leben und seine Taten wurden Bestandteil der württembergischen Volkstradition (Allgemeine Deutsche Biographie XXXIII, S. 181; Elben 1895), nachdem er 1760 in Vaihingen an der Enz hingerichtet worden war. Das Schicksal Schwans ist durch die Prozeßakten gut dokumentiert (vgl. Brandtstätter 1984, S. 124; Heynen 1913, S. 2 – 8). Schiller hatte von diesen Akten keine Kenntnis. Deren Auswertung erfolgte vielmehr erst um die Mitte des 19. Jahrhunderts, zunächst vor allem durch Hermann Kurz, der den Stoff in einem Roman verarbeitete.

1.2.1 Wilderei und Rechtsauffassung

Das *Delikt des Wilddiebstahls,* um dessentwillen Christian Wolf schließlich um seine Ehre gebracht wird, hat im 18. Jahrhundert eine besondere soziale und ideologische Bedeutung. Schiller knüpft mit der Wendung, Wolf sei »auf den Ausweg« verfallen, »honett zu stehlen« (7), an einem öffentlichen Bewußtsein an, das dieses Vergehen in vergleichsweise geringem Maße verurteilt. Doch steht der Wilddiebstahl zugleich, verglichen mit anderen Eigentumsdelikten, unter besonderer Sanktion. Auch dies deutet Schiller mit dem Verweis auf die Erneuerung des fürstlichen Edikts an (7). Diese Wertungen und ihr historischer Hintergrund waren dem zeitgenössischen Leser vertraut (vgl. J. F. Abel 1787, zit. nach: Mahl 1983, S. 36 f.). Das Jagdprivileg, also das ausschließliche Vorrecht des Feudalherrn auf die Jagd und damit das allgemeine Jagdverbot, geht zurück auf die feudalherrschaftliche Aneignung der Allmende, die ursprünglich von den Dorfgenossen gemeinsam genutzt worden war. Die Bauern wurden damit einer billigen Möglichkeit der Fleischbeschaffung beraubt; doch noch schwerer wog die Belastung durch Wildschäden, deren sie sich nicht mehr erwehren konnten. Es war selbst verboten, das Wild mit Hunden zu vertreiben; die Bauern durften lediglich die Felder umzäunen, soweit das herrschaftliche Wild dadurch nicht verletzt wurde, oder die Tiere durch Lärm vertreiben (vgl. Ludwig 1896, S. 92; Biedermann 1969, I, S. 250). Die Beschwerden gegen das Jagdprivileg sind Legion. Forderungen nach allgemeiner Nutzung des Waldes tauchen schon in den »Zwölf Artikeln« aus der Zeit der Bauernkriege auf. Auch späterhin reißen die Beschwerden über Wildschäden nicht ab.

»Jede Kalamität, die uns trifft, es sei Auswinterung, Frost, Dürre, Überschwemmung, Hagelschlag, Mäuse- und Schneckenfraß, jede solche Kalamität, die unsere Felder, Wiesen und Gartenfrüchte vermindert oder verwüstet, jede Blitzzündung, die unsere Wohnung vernichtet, tut uns empfindlich weh, aber da sie nicht in unserer Hand steht . . . [tut sie uns] gewiß weit weniger weh als der uns treffende Wildschaden. Keine der obigen Kalamitäten ist ganz allgemein und anhaltend . . . Der Wildschaden dagegen . . . verschont weder Wiesen noch Felder, noch Gärten, noch Gehölz, keine Getreideart, keine Gartenfrucht. Er . . . dauert nun schon viele Jahre, verheert unsere Fluren zu allen Jahreszeiten. Ihn nur einigermaßen abzuwenden, müssen wir mit großem Kostenaufwand Wildzäune und Wildhüter unterhalten und oft selbst, wenn wir auch von des Tages Last und Hitze noch so ermüdet sind, die Nächte in freiem Feld durchwachen und, statt . . . im Schlafe neue Kräfte zu sammeln, durch Abscheuchen des Wildes den Rest unserer Kräfte verschwenden . . . und endlich doch die mit allem Fleiß erbauten . . . Früchte oft in einer Nacht durch ein Rudel Saue oder eine Herde Hirsche verwüstet sehen.« (Eingabe von neun Gemeinden des Jagdgebiets Radeberg-Radeburg, 12. 6. 1790; zit. nach: Stulz/Opitz 1956, S. 27)

Die Klage findet sich in manchem Volkslied gestaltet (Steinitz 1979, I, S. 58 – 60).

Verständlicherweise griffen die Bauern nicht nur zu versteckter Übertretung des Verbots, sondern erwehrten sich des Wilds in offener Widersetzlichkeit (Stulz/Opitz 1956, S. 27).

Aufgrund der vielfachen Verstöße sah sich die Obrigkeit veranlaßt, Übertretungen des Jagdverbots besonders streng zu ahnden. Vielfach stand auf Wilddiebstahl die Todesstrafe, insbesondere wenn es sich um fürstliches Wild handelte. Ansonsten wurde die Todesstrafe oft ›abgemildert‹, z. B. in »an pranger stellen, schandtmal brennen und ewige vorweisung« (Distel 1893, S. 260). Soweit die Strafe in eine Geldbuße umgewandelt wurde, waren die Beträge vielfach so hoch, daß sie von den Ärmeren nicht aufgebracht werden konnten (Biedermann 1969, I, S. 250).

Dies erklärt, warum im Volksbewußtsein die Wilderei geradezu ein Akt des antifeudalen Widerstands bedeutet. Oft werden Wilderer in Volksliedern als Helden gefeiert (Steinitz 1979, I, S. 102 – 112). Die Wilderei war vielfach auslösendes oder begleitendes Delikt sozialer Randexistenzen auf dem Weg in die Illegalität bis hin zur organisierten Räuberei. Auch ist die Tätigkeit der Räuberbanden des 18. Jahrhunderts stets mit der Wilderei verbunden; gerade dieser Umstand sicherte ihnen immer wieder die Sympathie und Unterstützung der Landbevölkerung (vgl. Küther 1976).

Im Bewußtsein des 18. Jahrhunderts nahm das Jagdprivileg geradezu symbolhafte Bedeutung für die feudale Unterdrückung der Landbevölkerung an. In diesem Sinne wurde das Problem von den Dichtern des Sturm und Drang aufgegriffen. Beispiele finden sich bei Goeckingk, Halem oder auch in Goethes *Goetz*. Der Höhepunkt dieser Tradition ist Bürgers Gedicht *Der Bauer an seinen durchlauchtigen Tyrannen* (Kaim-Klook 1963, S. 127 – 156). In diesem Sinne spricht sich auch die Räubergestalt im *Verbrecher aus verlorener Ehre* aus (18 f.).

Diese Zuspitzung beruht durchaus nicht auf einer romantischen Einbildung der rebellischen Dichterintelligenz. Auch in den sozialen Auseinandersetzungen des ausgehenden 18. Jahrhunderts nahm der Kampf gegen das Jagdprivileg einen bedeutenden Stellenwert ein. Der sächsische Bauernaufstand ging von Beschwerden über die Wildschäden aus (Stulz/Opitz 1956, S. 49 – 56), und in diesen Unruhen entstanden wiederum literarische Zeugnisse, die den Kampf der Bauern rechtfertigten (Steinitz 1979, I, S. 99 f.).

Das Strafverfahren gegen Christian Wolf spiegelt eine *Rechtsauffassung*, die der unseren fremd ist.

»Liest man in den großen Strafgesetzwerken des 18. Jahrhunderts, im *Bayerischen Strafgesetzbuch* von 1751 etwa oder in der *Constitutio Criminalis Theresiana* von 1769, die ja noch zu Schillers Zeiten gültig waren, liest man dazu die publizierten Protokolle großer Strafprozesse und achtet dabei insbesondere auf die verschiedenen Kataloge der Inquisitionsartikel, so fällt auf, daß es hier immer nur um die Feststellung des strafbaren Tatbestandes geht, daß hingegen die Frage, *warum* der Täter so gehandelt hat, die Frage, *wie* er dazu gekommen ist, dies zu tun und jenes zu unterlassen, fast immer unberücksichtigt bleibt.« (Oettinger 1972, S. 267)

Diese Auffassungen zogen aber in der zweiten Hälfte des 18. Jahrhunderts zunehmend eine Kritik auf sich, die auf die Humanisierung der Strafrechtspflege mit Bezug auf die justizpolitischen Ideen der europäischen Aufklärung zielten.

»Man ging von der Feststellung aus, daß Handlungen, die unmittelbar aus der sinnlichen Erfahrung erfolgen, von solchen Handlungen, die aus der Reflexion erwachsen, insofern zu unterscheiden seien, als die ersteren geradezu zwanghaft, die letzteren hingegen auf Grund eines mehr oder weniger freien Entschlusses ausgeführt werden. Geschehe daher eine gesetzeswidrige Handlung in der Hitze der Leidenschaft, in einer heftigen Gemütsbewegung, im Zorn, im Haß, in der Furcht, in der Eifersucht, als Folge also eines sensuellen Impulses, so sei deren ›Moralität‹, deren Verantwortlichkeit, geringer anzusetzen als dort, wo bei kühlem Kopf geplant und kalkuliert werde. Die Verantwortlichkeit des Straftäters sei dementsprechend nach dem Maße seiner Reflexionsfähigkeit, seines Vermögens zum alternativen Denken im Akt der gesetzeswidrigen Handlung zu bestimmen, wobei ausdrücklich festgestellt wird, daß dieses Vermögen ein Produkt der Aufklärung sei. Nur dort also, wo eine ›selbstthätige Bestimmung zur Wahl und Verfolgung eines bösen Endzwecks‹ – wir folgen hier einer Formulierung des Leipziger Philosophieprofessors E. C. Wieland – eindeutig auszumachen sei, liege eine strafbare Tat vor.« (ebd., S. 268)

Schillers Geschichte, dies machen seine Überlegungen in der Einleitung vollends deutlich, reiht sich in diese Bestrebungen ein.

1.2.2 Zeitgenössische Philosophie und Psychologie

Darüber hinaus lassen sich folgende Fragen erkennen, die auch in der *zeitgenössischen Philosophie und Psychologie* diskutiert werden.

- Welche Grundantriebe bewegen den Menschen? Wie ist die Hierarchie der Antriebe beschaffen? Wie entwickeln sich verschiedene Antriebskräfte auseinander heraus?
- Wie gelangt der Mensch aus dem engen Umkreis der durch seine tierische Natur bestimmten Triebe zur Fähigkeit der freien Willensentscheidung nach moralischen Kriterien? Oder anders: Was ist die Bestimmung des Menschen? Wie gelangt er zur Realisierung seiner gattungsmäßigen Bestimmung?
- Welche – positive oder negative – Rolle spielen Anlage und Umwelt bei der Entwicklung der Persönlichkeit?
- Welcher Zusammenhang besteht zwischen der psychisch-moralischen Verfassung des Menschen und seiner Physiognomie?

Diese Fragen werden zeitgenössisch sowohl unter philosophischen wie auch psychologischen (und physiologischen) Aspekten verhandelt. Schiller ist mit diesen Fragen vor allem über die Schriften Fergusons und Garves sowie die Vorlesungen

Abels vertraut (vgl. Buchwald 1953, I, S. 199 – 226; Middell 1982, S. 42 – 58). Er selbst hat sie in seinen medizinischen Dissertationen und seinen frühen philosophischen Schriften immer wieder angeschnitten. Zu nennen sind hier insbesondere die beiden medizinischen Dissertationen: *Philosophie der Physiologie* (1779; insbes. §§ 1 – 2) und *Versuch über den Zusammenhang der tierischen Natur des Menschen mit seiner geistigen* (1780); weiter die *Philosophischen Briefe* (1786) und *Das philosophische Gespräch aus dem Geisterseher* (1789). Durch die Vorlesungen Jacob Friedrich Abels erhielt Schillers Denken einen starken Anstoß im Sinne eines philosophischen und psychologischen Materialismus. Abels Hauptanliegen war die wissenschaftliche Behandlung der »Menschenkunde«, die er – im Gefolge des Pietismus und parallel zu Karl Philipp Moritz – als Erfahrungsseelenkunde begriff.

»Abels Psychologie weist vor allem drei eigentümliche Züge auf, die sämtlich auf seinen Schüler starken Eindruck gemacht haben. Zuerst seine Lehre von der durchgängigen Abhängigkeit des Seelenlebens sowohl vom Körper als auch von äußeren Umständen. [Zweitens:] Die Seele wird als ein unauflöslich zusammenhängendes Ganzes geschildert, worin jeder Teil unaufhörlich auf jeden anderen wirkt. Namentlich sind es aber die Leidenschaften, *affectus,* wodurch [...] die Gedankenwelt, *systema idearum,* somit die ganze Seele und der ganze geistige Mensch und sein Charakter bestimmt werden. [...] Das bedeutet aber: dieses ganze Ideensystem ist abhängig von materiellen Voraussetzungen und überdies vom *Zufall,* der gerade diese und keine anderen Eindrücke an die Sinne herangeführt hat. Und damit ist es geschehen um jede *Selbstbestimmung* des Geistes und jede *Freiheit* des Menschen.« (Buchwald 1953, I, S. 207 f.)

Der dritte Punkt bezieht sich auf die Frage nach dem Ursprung der menschlichen Individualität, also auf die Frage, ob es angeborene Ideen gibt:

»Locke (1632 – 1704) hatte solche ›Ideen‹ geleugnet, und Abel folgte ihm darin. Ideen sollten vielmehr erst auf dem vorhin geschilderten Wege entstehen, um dann freilich eine besondere Macht zu entfalten. So ist also auch der Charakter nicht angeboren, sondern ist Ergebnis der Lebensumstände.« (ebd., I, S. 209)

Abels Philosophie steht im Gefolge des englischen und französischen Materialismus. Eines der Werke, die auf Abel, aber auch unmittelbar auf Schiller stark gewirkt haben, sind die *Grundsätze der Moralphilosophie* von Adam Ferguson (1769). Schiller hat dieses Werk in der Übersetzung und mit den begleitenden Anmerkungen Christian Garves (1772) kennengelernt (vgl. D. Jacoby 1878). Diese Anmerkungen, die sich insbesondere auch um die Rettung der Willensfreiheit bemühen, hat Schiller geschätzt und soll sie beinahe auswendig gewußt haben (s. u., S. 17).

Wichtig erscheint die Feststellung, daß Schiller über Ferguson ein Menschenbild rezipiert, in welchem die Handlungen des Menschen konsequent als Resultate seiner natürlichen Veranlagung begriffen werden. Die natürlichen Triebe sind in Verbindung mit der Willensfreiheit der Garant für das Streben des Menschen nach Vollkommenheit und nach dem Glück aller. Dabei findet keine Entgegensetzung statt zwischen Wollen und Sollen, vielmehr entwickeln sich aus den »tierischen«

Trieben harmonisch die »vernünftigen«. Diese optimistische Sicht des Menschen als Naturwesen spiegelt sich beim jungen Schiller durchweg wider. Er versteht den Körper nicht als »Kerker des Geists«, sondern als durchaus positiv zu wertende Grundlage, die die Entwicklung geistiger und moralischer Fähigkeiten ermöglicht und begünstigt:

»der Mensch mußte Tier sein, eh er wußte, daß er ein Geist war, er mußte am Staube kriechen, eh er den Newtonischen Flug durchs Universum wagte. Der Körper also, der erste Sporn zur Tätigkeit; Sinnlichkeit die erste Leiter zur Vollkommenheit.« (SW V/305 f.)

Selbst der »Mißbrauch« der Sinnlichkeit befördert auf Umwegen noch den Gang zur Vollkommenheit. Und die Empfindung von Schmerzen ist der Antrieb des »Seelenwachstums«: »so hilft tierische Empfindung das innere Uhrwerk des Geistes [...] in den Gang zu bringen« (SW V/299).
In diesem Sinn läßt sich Christian Wolfs Disposition zur Sinnlichkeit durchaus positiv verstehen, nicht als moralischer Mangel. (Selbst die »Wollust«, die Schiller als seine »wütendste Neigung« charakterisiert [21], ist durchaus von positiver Qualität und steht nicht unter dem Verdikt, unter dem wir sie – in falscher Projektion asketischer Menschenbilder – heute rückblickend sehen zu müssen meinen.)
Als Mangel muß im Sinne dieses Theorieansatzes allerdings erscheinen, daß Wolf zunächst auf der Stufe der Sinnlichkeit stehen bleibt, nicht zur »Liebe« gelangt. Denn die tierische Grundlage erschöpft das Gattungswesen des Menschen nicht. Dieses Wesen ist geistiger Natur: »Aufklärung und Ideenbereicherung decken ihm zuletzt die ganze Würde geistiger Vergnügungen auf.« (SW V/300) In seiner ersten Dissertation hat Schiller diese »Bestimmung des Menschen« noch deutlicher in Anlehnung an Ferguson als »Gottgleichheit« gefaßt, als »Glückseligkeit« durch »Vollkommenheit«, d. h. durch die Fähigkeit, »den großen Plan des Ganzen [zu] entdecken« (SW V/250). Dieser Bestimmung zur Vollkommenheit entspricht die »allgemeine Liebe« zu den Mitmenschen, d. h. die Bestrebung, deren Vollkommenheit und damit die »Vollkommenheit des Ganzen« zu befördern.
Wie gelangt der Mensch aus dem Stand seiner tierischen Natur zur Verwirklichung seiner menschlichen Gattungsbestimmung? Ferguson und der junge Schiller sind diesbezüglich optimistisch. Ferguson geht davon aus, daß dieser Prozeß durch die Wahrnehmung des wohlverstandenen Selbsterhaltungstriebs harmonisch vorangetrieben werde.

»[Der Mensch] wird durch Wohlwollen bewogen, alle Eigenschaften zu billigen, die den Menschen geschickt machen, etwas zum gemeinen Besten beyzutragen. Insofern das Verdienst, oder die moralische Vortreflichkeit eines Menschen, in diesen Eigenschaften besteht: insofern können wir behaupten, daß Wohlwollen, oder das Gesetz der Geselligkeit, in Verbindung mit dem Gesetz der Selbstschätzung, das Principium der moralischen Billigung ist; und daß die Tugend hochschätzen, so viel heißt, als die Menschheit lieben.
Die verschiednen Systeme sind hauptsächlich darinnen von einander abgegangen, daß der Grund zum Vorzuge gewisser Handlungen und Charaktere von dem einen in dem Gesetz der Selbsterhaltung, von dem andern in dem Gesetz der Geselligkeit gesucht worden. Aber in der wirklichen Natur fallen die Gesetze der Selbsterhaltung, und die Gesetze der Gesellig-

keit, wenn sie recht verstanden werden, in allen ihren Wirkungen und Anwendungen zusammen.

Der Mensch ist von Natur das Glied einer Gesellschaft; sein Wohlseyn und sein Vergnügen erfordern, daß er das zu seyn fortfahre, was er von Natur ist; seine Vollkommenheit besteht in der Vortreflichkeit oder dem Grade seiner natürlichen Fähigkeiten und Anlagen, oder mit andern Worten, sie besteht darinnen, daß er ein vortreflicher Theil des Ganzen ist, zu dem er gehört. So also, daß es für das menschliche Geschlecht dieselbe Wirkung haben muß, ob der einzelne Mensch, bloß sich selbst, oder die ganze Gesellschaft, deren Glied er ist, zu erhalten gedenkt. Bey jedem dieser beyden Vorsätze, muß er die Menschenliebe, als den schätzbarsten Theil seines Charakters, werth halten.« (A. Ferguson 1772, S. 101 f.)

Schiller konstatiert ähnlich:»Was den Menschen jener Bestimmung näher bringt [...], das wird ihn ergötzen. Was ihn von ihr entfernt, wird ihn schmerzen, was ihn schmerzt, wird er meiden, was ihn ergötzt, dernach wird er ringen« (SW V/ 250 f.). Auch noch im *Philosophischen Gespräch aus dem Geisterseher* heißt es, daß die Natur»seine [des Menschen – R. K.] zweckmäßige Tätigkeit«, d. h. sein freies moralisches Handeln,»zur notwendigen Bedingung seiner Glückseligkeit« gemacht habe (SW V/164). Damit ist der Widerspruch zwischen der»auswärtige[n] Bestimmung«, nämlich dem»Trieb zur Unsterblichkeit«, und dem»Glückseligkeitstriebe [...], der alle Bestrebungen einwärts gegen ihn selbst richtet«, auf das befriedigendste gelöst (SW V/162 f.).

All diese Bestimmungen spiegeln sich im Lebensgang Christian Wolfs umfassend wider: Zunächst erreicht er seine Bestimmung als Mensch nicht; das Register seiner moralischen Fehlentwicklung findet sich bei Ferguson in schöner Vollständigkeit. Schließlich erreicht er sie doch, aufgrund von ›Schmerzen‹ – die Desillusionierung durch die Räuberei –, und er erreicht sie unter Verlust seines Lebens, weil die Gesellschaft nach wie vor nicht imstande ist, ihm gerecht zu werden.

Prekär für Schiller und für die Geschichte vom *Verbrecher aus verlorener Ehre* ist die Frage nach der Möglichkeit der freien Willensentscheidung angesichts der Übermacht der Umwelteinflüsse und ihrer kausalen Verkettung in der Psyche. Bei Ferguson spielt diese Frage keine Rolle. Freier Wille und sinnliche Notwendigkeit harmonieren für ihn widerspruchslos. Garve hat dies bemerkt und ausführlich in seinen Anmerkungen problematisiert. Seine Argumentation zielt darauf ab, die Freiheit der Willensentscheidung zu behaupten bzw. ihre Möglichkeit zumindest offenzuhalten. Nach der Darstellung der geläufigen Stellungnahmen für und gegen die Willensfreiheit schließt er:

»Wenn ich schon in der Versammlung dieser, durch die Zahl und das Ansehn ihrer Glieder ehrwürdigen Partheyen, eine Stimme hätte, so würde ich zu ihnen sagen: lassen sie uns keine unsrer Empfindungen leugnen, weil wir sie nicht zu erklären wissen; aber vor allen Dingen, lassen sie uns keine unsrer Mitbrüder verdammen, weil sie unter zwey Empfindungen, die sich in der Theorie nicht vereinigen lassen, einer andern als wir den Vorzug geben. Es giebt einen Punkt der Vereinigung, der gewiß, und unschätzbar ist. Wir alle glauben das Daseyn der Tugend. Dieser Glaube ist früher als alle Systeme. Er hat sie erst hervorgebracht [...]. Ich weis nicht wie ich *frey* bin, aber ich weiß, wie ich *vollkommen* seyn soll.« (Chr. Garve in: A. Ferguson 1772, S. 296 und 298)

Wir können in Schillers Geschichte den Reflex dieser Überlegungen konstatieren, insofern wir in Christian Wolfs Umkehr die Betätigung des freien Willens erkennen, aber die Erklärung vermissen, wie er letztendlich zu dieser freien Willensentscheidung gelangt.

Als spekulative Erklärung bietet der Text den berühmten Satz an: »Auf dem höchsten Gipfel seiner Verschlimmerung war er dem Guten näher, als er vielleicht vor seinem ersten Fehltritt gewesen war.« (23 f.) Später – in dem Aufsatz *Über das Pathetische* (1793) – drückt Schiller diesen Gedanken in allgemeiner Form aus:

»Offenbar kündigen Laster, welche von Willensstärke zeugen, eine größere Anlage zur wahrhaften moralischen Freiheit an als Tugenden, die eine Stütze von der Neigung entlehnen, weil es dem konsequenten Bösewicht nur einen einzigen Sieg über sich selbst, eine einzige Umkehrung der Maximen kostet, um die ganze Konsequenz und Willensfertigkeit, die er an das Böse verschwendete, dem Guten zuzuwenden. Woher sonst kann es kommen, daß wir den halbguten Charakter mit Widerwillen von uns stoßen und dem ganz schlimmen oft mit schauernder Bewunderung folgen? Daher unstreitig, weil wir bei jenem auch die Möglichkeit des absolut freien Wollens aufgeben, diesem hingegen es in jeder Äußerung anmerken, daß er durch einen einzigen Willensakt sich zur ganzen Würde der Menschheit aufrichten kann.« (SW V/536)

Eine psychologische Klärung ergibt sich aus diesem Text indes nicht, zumal hier mit der Hervorhebung des »absolut freien Wollens« sich eine neue Fassung des Problems andeutet, die nicht übereinstimmt mit den Gedankengängen der Geschichte vom *Verbrecher aus verlorener Ehre* und insbesondere der Einleitung zu ihr. Letztlich werden wir auf den Text der Geschichte zurückverwiesen, auf den im Rahmen des einschlägigen Aufklärungsdenkens nicht rational zu klärenden Sachverhalt, daß Christian Wolf aller sein Handeln legitimierender Einflüsse zum Trotz schließlich doch zur Ebene des freien moralischen Handelns vorstößt, als Ergebnis seiner Menschlichkeit, und damit die Gesellschaft, die dem nicht adäquat zu antworten weiß, da ihr die Toleranz mangelt, beschämt.

1.2.3 Physiognomik

Die Auffassung von der körperlichen Determiniertheit psychischer Prozesse, wie wir sie bei Schiller vorfinden, drängt im Umkehrschluß zu der Frage, ob sich seelische Vorgänge in der Physiognomie des Menschen niederschlagen und an ihr ablesbar werden. Von Lavater, dessen Auffassungen zur *Physiognomik* im 18. Jahrhundert geradezu modische Verbreitung fanden, wurde diese Frage eindeutig bejaht (Lavater 1968; vgl. Dessoir 1902, S. 480 – 486). Lavaters Obskurantismus stieß bereits bei seinen Zeitgenossen auf polemischen Widerstand, z. B. bei Lichtenberg, der einen Aufsatz *Über Physiognomik; wider die Physiognomen* verfaßte (Lichtenberg 1983, II, S. 78 – 116).

Im *Verbrecher aus verlorener Ehre* gibt es drei Stellen, die die Frage nach ihrem Bezug auf solche physiognomische Theoreme erlauben bzw. sie sogar nahelegen: die Beschreibung von Wolfs Körper (6), die Beschreibung des Räubers (16) sowie die Reaktion des Torwächters auf Wolfs Erscheinungsbild (25 f.). Verschiedentlich sind diese Stellen gemäß den Voraussetzungen der Physiognomik interpretiert worden.

Schiller hat der Frage der »Physiognomik der Empfindungen« einen Paragraphen seiner zweiten Dissertation gewidmet (SW V/317 – 319), der zur Klärung der Angemessenheit solcher Interpretationen herangezogen werden kann. Schiller geht hier von der offenkundigen Tatsache aus, daß die Affekte in der Physiognomie sichtbar werden und daß solche Züge in der Wiederholung habituell werden. Er spricht hier allerdings von erworbenen Qualitäten und nicht vom Erscheinen angeborener Qualitäten. Explizit wendet sich Schiller gegen den Versuch Lavaters und seiner Schüler, aus einzelnen organischen Zügen auf den Charakter zu schließen.

Diese Haltung Schillers ist nicht nur theoretisch, sondern auch lebensgeschichtlich begründet.

»Lavater hatte schon am 12. August 1774 die Akademie besucht, von welcher er sich für seine Beobachtungen ein massenhaftes Material versprechen durfte. Er sah den Zöglingen scharf ins Gesicht, welche vor seinem Kennerblick und seinem Urteil zitterten; erkundigte sich nach ihren Talenten und Charaktereigenschaften und bat sich von einigen die Silhouetten aus. Niemand wagte es, an der Realität seiner Wissenschaft zu zweifeln – bis er einmal den gutmütigsten Schüler der Anstalt, aus welchem erst der Mythus unseren Schiller gemacht hat, für einen heimtückischen Menschen erklärte. Bei den Schwaben, welche leicht an das Seltsame und Wunderbare glauben, eben darum aber auch bald gewitzigt und zurückhaltender werden, war es damit um Lavaters Ansehen geschehen.« (Minor 1890, I, S. 285)

Unser Versuch, physiognomische Interpretationen der körperlichen Erscheinung Wolfs aus dem Text heraus zu widerlegen (s. u., S. 48), wird durch diese Informationen bestätigt. Die beiden anderen genannten Stellen lassen sich indes – mit gebotener Zurückhaltung – im Sinne der Physiognomik verstehen. Was aber die Gestalt des Räubers betrifft, so spielt hier weit stärker ein literarisches Moment hinein: die Konturierung der Szene als Teufelspakt in Anlehnung an trivialliterarische Traditionen (s. hierzu Kapitel 3).

Wir haben bislang Übereinstimmungen der moralphilosophischen Implikate der Erzählung vom *Verbrecher aus verlorener Ehre* mit dem Denken des jungen Schiller und seiner aufklärerischen Anreger hervorgehoben. Allerdings wird das Bild erst vollständig, wenn wir uns klarmachen, daß die Erzählung – insbesondere was die Umkehr Christian Wolfs betrifft – nicht völlig in den materialistischen Kategorien des jungen Schiller aufgeht. Dieser Sachverhalt ist zunächst damit erklärbar, daß der ›Eigensinn‹ des tradierten Stoffs wirksam bleibt, aber zugleich ist zu bedenken, daß Schillers philosophische Auffassungen – insbesondere unter dem Einfluß Kants – sich weiterentwickeln, z. B. im Sinne einer dualistischen Profilierung von ›Pflicht‹ und ›Neigung‹. Der *Verbrecher aus verlorener Ehre* bezeichnet eine Stellung des Problems, das den früheren Auffassungen Schillers nicht mehr völlig entspricht, ohne schon ganz in den späteren philosophisch-ästhetischen Auffassungen aufzugehen.

Die gewandelten Vorstellungen Schillers kommen zum ersten Mal deutlich zum Ausdruck in dem Aufsatz *Über den Grund des Vergnügens an tragischen Gegenständen* (1790 – 1792). Die darin enthaltenen begrifflichen Zurichtungen des Problems der sittlichen Natur des Menschen decken den Entwicklungsgang Christian Wolfs nicht restlos ab; sie legen jedoch die Annahme nahe, daß die brüchige Gestaltung der Umkehr Christian Wolfs auch schon vorausdeutet auf den bevorstehenden Umschlag im Denken Schillers.

In dem genannten Aufsatz machen sich zum ersten Mal die Umrisse einer autonomen Ästhetik geltend (vgl. die Anm. des Hrsg. SW V/1103 f.). Dies geht einher mit einer scharfen Entgegensetzung des moralischen Auftrags des Menschen – die »moralische Zweckmäßigkeit«, ein »innres Prinzip unsrer Vernunft«, das »Palladium unsrer Freiheit« (SW V/364) oder die »höhere moralische Pflicht« (SW V/366) – gegen die Sphäre der sinnlichen Notwendigkeit – »Empfindungen, Triebe, Affekte, Leidenschaften so gut als die physische Notwendigkeit und das Schicksal« (SW V/364). Die tragischen Gegenstände werden jetzt geradezu definiert durch den Widerspruch zwischen der »Sinnlichkeit« und dem »sittlichen Gesetz« (SW V/366). Schiller stellt fest:

»Diese moralische Zweckmäßigkeit [d. h. die Bestimmung des Menschen durch die Vernunft – R. K.] wird am lebendigsten erkannt, wenn sie im Widerspruch mit andern die Oberhand behält; nur dann erweist sich die ganze Macht des Sittengesetzes, wenn es mit allen übrigen Naturkräften im Streit gezeigt wird und alle neben ihm ihre Gewalt über ein menschliches Herz verlieren.« (SW V/364)

Dies liest sich zunächst wie auf den *Verbrecher aus verlorener Ehre* hin formuliert; allerdings ist diese Formulierung schon weit entfernt von der moralphilosophischen Fragestellung, die in dieser Erzählung und insbesondere in der Einleitung den Ton bestimmt: es geht jetzt nicht mehr um die Erklärung der moralischen Defizite und ihrer Überwindung, sondern um die ästhetisch überzeugende Inszenierung des nicht mehr hinterfragten freien Willens.

Wenn Schiller im weiteren über das tragische Vergnügen an der Person des Verbrechers räsonniert, so verweist dies ebenfalls auf Christian Wolf:

»Reue, Selbstverdammung, selbst in ihrem höchsten Grad, in der Verzweiflung, sind moralisch erhaben, weil sie nimmermehr empfunden werden könnten, wenn nicht tief in der Brust des Verbrechers ein unbestechliches Gefühl für Recht und Unrecht wachte und seine Ansprüche selbst gegen das feurigste Interesse der Selbstliebe geltend machte. Reue über eine Tat entspringt aus der Vergleichung derselben mit dem Sittengesetz und ist Mißbilligung dieser Tat, weil sie dem Sittengesetz widerstreitet. Also muß im Augenblick der Reue das Sittengesetz die höchste Instanz im Gemüt eines solchen Menschen sein; es muß ihm wichtiger sein als selbst der Preis des Verbrechens, weil das Bewußtsein des beleidigten Sittengesetzes ihm den Genuß dieses Preises vergällt.« (SW V/366 f.)

Allerdings ist festzuhalten, daß Christian Wolf nicht Verbrecher aus freiem Willen geworden ist, und nicht, weil er einen Preis davontragen könnte. Er ist vielmehr das Opfer, und selbst die Reue wird erst dadurch zum Movens, daß Christian Wolf einzusehen hat, daß selbst seine letzten Hoffnungen, nämlich auf das Glück in der Räuberbande, irrig sind.

1.3 Literarhistorische Voraussetzungen

Die Schiller-Forschung hat bislang wenig nach der Verankerung der Schillerschen Prosa in der Aufklärung gefragt. Allgemein ist die Kurzprosa der Aufklärung kaum systematisch erforscht, geschweige denn repräsentativ dargestellt (vgl. Köhn 1977; Jacobs 1976). Nichtsdestoweniger sollen im folgenden einige Schneisen geschlagen werden. Unser Interesse richtet sich darauf, die These zu veranschaulichen, daß Schiller gerade mit seiner erzählenden Prosa stark in der literarischen Tradition der Aufklärung verwurzelt ist.

Einen ersten Aufschluß über den literaturgeschichtlichen Ort der Erzählung vermitteln zunächst die zeitgenössischen Rezensionen. Wir werden anschließend einige Hinweise auf die literarische Vorgeschichte des *Verbrechers aus verlorener Ehre* im Bereich der aufklärerischen Prosa geben. Wir beschränken uns dabei auf die Traditionslinien der Verbrecherbiographie und der Moralischen Erzählung. Noch nicht genügend erforscht sind die Beziehungen Schillers zur zeitgenössischen Diskussion um die angemessene Darstellungsweise im Genre der Historiographie (vgl. Reinitzhuber 1970) und die Einflüsse der französischen Erzähltraditionen auf Schiller (Heynen 1913, S. 14 f.; Schanzenbach 1885, S. 21; Fink 1976, S. 88). Und schließlich wenden wir uns der Frage zu, ob – wie vielfach behauptet – der *Verbrecher aus verlorener Ehre* als Ursprung der deutschen Kriminalgeschichte gelten kann.

1.3.1 Gattungsbezüge in den Rezeptionsdokumenten

Auffällig ist die kleine Zahl der Rezeptionsdokumente und ihr geringer Umfang. Selbst auf den mehr als 20 Seiten der *Thalia*-Rezension der *Neuen Bibliothek* werden dem *Verbrecher aus verlorener Ehre* nur 5 Zeilen gewidmet; die Verhältnisse sind bei den anderen Rezensionen ähnlich. Es handelt sich um sechs Rezensionen; mehr sind der Forschung nicht bekannt (abgedruckt bei Braun 1882; Auszüge bei Rautenberg u. a. 1982, S. 55 f.). Dies sind Indizien dafür, wie wenig ästhetisch-kritische Aufmerksamkeit der erzählenden Kurzprosa entgegengebracht wurde, zugleich auch dafür, wie widerspruchslos die Schillersche Geschichte sich offenbar dem zeitgenössischen Rezeptionshorizont einfügte. Soweit die Geschichte in den Rezensionen positiv gewürdigt wird – »ein vortrefflicher Aufsatz [...] auch in ästhetischer Hinsicht«, »vortrefflich dargestellt«, »die geschickte Schillersche Darstellung« –, ist darin keine eigentlich ästhetische Bewertung zu sehen, sondern lediglich Anerkennung für die gelungene Einkleidung der zunächst außerliterarischen Zwecke des Autors.

Weiter fällt auf, daß die Geschichte keiner Gattung zugewiesen wird. In allen Fällen wird der Untertitel – »Eine wahre Geschichte« – zitiert; doch wird dies offenbar nicht im Sinne einer festen Gattungsbezeichnung verstanden – vielmehr im unmittelbaren Wortsinn, wie zumindest der Rezensent der *Neuen Bibliothek* deutlich werden läßt, der das Zitat des Untertitels bruchlos in seinen Argumentationsgang einbezieht, indem er die Erzählung als »eine angeblich wahre Geschichte« bezeichnet. Der Nürnberger Rezensent nennt den Text darüber hinaus einen »Aufsatz«, auch erhält er die Benennung »Geschichte« und »Lection«. »Aufsatz« und »Lection« dürfen als Indiz für die Rezeption als didaktischer Text verstanden werden, als Übermittler einer aufklärerischen Intention. In die gleiche Richtung zielen die Bezeichnungen »merkwürdig« in der Hallischen und der Göttinger Rezension sowie die Forderung des Hallischen Rezensenten, die Geschichte hätte »mit mehr historischer Simplicität« erzählt werden müssen. In gleicher Weise mag die Wertung der *Neuen Bibliothek,* »interessant und unterrichtend«, verstanden werden, zumal der Rezensent in seiner Einleitung es als Zweck der Zeitschriftenliteratur erkennt, »auf die Cultur der Nation und die Verbreitung der Aufklärung und Toleranz wesentlichen Einfluß« auszuüben.

Dieser Rezeptionshorizont wird konkretisiert in den Äußerungen, die Geschichte sei »in psychologischer Rücksicht« von Belang, sie gehöre »zu den schätzbaren Beyträgen zur Charakteristik des menschlichen Herzens«. Der gesellschaftskritische Akzent wird von Gothaer Rezensenten hervorgehoben: »Für die, die sie angeht, eine gute Lection.«

Ein etwas anderer Rezeptionshorizont verweist auf die Verbrecherbiographie. So heißt es in der Nürnberger Rezension: »eigentlich die Geschichte eines vor einigen Jahren im Reiche sehr berüchtigten Räubers«. Und die *Oberdeutsche allgemeine Litteraturzeitung* mahnt: »Nur schade, daß dieselbe nicht bis ans Ende des Unglücklichen fortgeführt ist!«

Schillers Geschichte wird – so läßt sich zusammenfassen – als aufklärerischer Text, als psychologische Studie mit gesellschaftskritischer Intention verstanden, zugleich als Bestandteil der Tradition der Verbrecherbiographien.

1.3.2 Verbrecherbiographie und Moralische Erzählung

Dieses Urteil erweist sich auch bei einem distanzierteren Blick auf die damalige Prosalandschaft als stichhaltig. Der heutige Leser wird eher geneigt sein, aufgrund seiner Kenntnis der späteren Entwicklung der Kurzprosa im 19. Jahrhundert, ihrer breiten und differenzierten Ausgestaltung und – damit verbunden – ästhetischen Legitimation, Schillers Text als Prosakunst in dieser Tradition auffassen. Er mag auf dieser Folie zwar eine mangelnde Einheitlichkeit kritisch vermerken, wie sie z. B. in dem mehrmaligen Perspektivenwechsel sich andeutet, als ein Nichtgenügen gemessen an der späteren Gattungsnorm. Aber eben dieses »später« muß in Erinnerung gehalten werden; erst dann wird sichtbar, wie der Schillersche Text einen Knotenpunkt zwischen der Aufklärungsprosa und der realistischen Erzähltradition bildet.

Das ausgehende 18. Jahrhundert kennt zwar eine massenhafte Produktion von »Kurzprosa« – insbesondere im Zusammenhang mit dem aufblühenden Zeitschriftenwesen –, aber diese Texte reflektierten keine einheitlichen ästhetischen Prinzipien. Ein solcher Prozeß setzte zwar in Teilbereichen ein, z. B. mit Lessings Fabeltheorie oder mit der Diskussion um den Roman. Aber der breite Strom der Kurzprosa bewegte sich demgegenüber auf schwankendem Boden. Man knüpfte an vielerlei Einzeltraditionen an, ohne daß diese Tendenzen sich zu einem einheitlichen, genuin ästhetisch geprägten Entwicklungszusammenhang verbunden hätten. Die Prosatexte waren in ihrer konkreten Gestalt sehr stark geprägt von den moralisch-ideologischen Absichten ihrer Autoren oder von den Anforderungen des jeweiligen Publikationsorts.

Deshalb ist die Frage nach formgeschichtlichen Bezügen der Schillerschen Geschichte in rückwärtsgewandter Perspektive schwer zu beantworten. Hervorstechende Traditionsbeziehungen – oder auch Abgrenzungen – sind nicht vorhanden, dafür eine Vielzahl von mehr oder weniger deutlichen Beziehungen zu Einzelwerken und Strömungen. Bei der Konstatierung solcher Bezüge läuft der Literaturhistoriker stets Gefahr, zufällige und unspezifische Übereinstimmungen überzubewerten, Zusammenhänge zu rekonstruieren, wo in der Empirie vielleicht noch nicht einmal Kenntnisnahme bestand.

Klaus Oettinger hat die Tradition der Verbrecherbiographie in Umrissen herausgearbeitet. Er stellt folgende Gattungselemente heraus:

»– die Beschreibung des Kapitalverbrechens,
 – der Bericht über die kriminalistischen Ermittlungen, die zur Ergreifung des Täters führen,
 – das Protokoll der peinlichen Inquisition,
 – die Urteilsakte,
 – der Bericht über die Bekehrungsbemühungen der Delinquentengeistlichkeit,
 – die Schilderung der Exekution.« (Oettinger 1972, S. 271)

Oettinger arbeitet heraus, daß in diesen »Historischen Relationen« die Tat im Vordergrund steht gegenüber dem Täter. Der Motivation und der Individualität der Täter wird keine Aufmerksamkeit geschenkt: »Die Tat allein – so scheint es – definiert den Täter.« Dieser Maxime entspricht eine peinlich genaue Beschreibung der Umstände jedes Verbrechens und – der Absicht der Abschreckung gemäß – der Qualen der Folter und der Hinrichtung. »Welche Perspektiven, welche artikulierten oder implizierten Ziele, welche bewußten oder unbewußten Darstellungsprinzipien auch immer dominant sind, allen diesen Werken ist gemeinsam, daß sie zwar gelegentliche Bekundungen des Mitleids, niemals aber Verständnis für den Verbrecher aufbringen. Die institutionalisierte Gerechtigkeit wird im Grunde immer bestätigt.« (ebd., S. 273)

Schillers Versuch, an der Tradition der Verbrecherbiographien anzuknüpfen und sie hinsichtlich Intention und Gestaltung zu variieren, hat indes bereits Vorläufer. Unter den zahlreichen Anekdoten und Erzählungen der aufklärerischen Zeitschriften, die sich mit sonderbaren, überraschenden oder rührenden Vorfällen des Lebens befaßten, finden sich bereits auch Kriminalgeschichten. Stellvertretend sei hier hingewiesen auf Wielands *Wahre Geschichte der Nachtmahlvergiftung in Zürich* (Deutscher Merkur 1777), Meißners *Geschichte einer Verbrecherin*

(Deutscher Merkur 1779) und Seybolds *Ein Doktor der Arzneykunst am Galgen* Deutsches Museum 1781) (vgl. Borchmeyer 1955). Hinter diesen Einzelbefunden zeichnet sich als übergreifende Traditionsbeziehung diejenige auf die *Gattung der »Moralischen Erzählung«* ab. Diese Gattung, die auf eine lange europäische Vorgeschichte zurückblickt, erreicht einen Höhepunkt in den *contes moreaux* (1766) des Franzosen Marmontel, die in Deutschland vielfach übersetzt, nachgeahmt und weiterentwickelt werden (vgl. Fürst 1897; Beyer 1941; Jacobs 1976). Als Autoren sind hier zu nennen Sophie von La Roche (1731 – 1807), Karl von Eckartshausen (1752 – 1803), Sophie Helmine Wahl (1774 – 1821), Gotthelf Wilhelm Christoph Starke (1762 – 1830), August Ludwig Christian Gieseke (1756 – 1832), Rupert Becker (1759 – 1823), Wilhelm Gottlieb Becker (1753 – 1813), Friedrich Theophil Thilo (1749 – 1825), August Lafontaine (1758 – 1831) und Friedrich Rochlitz (1769 – 1842). Diese Tradition wird auch – vor allem in den Moralischen Wochenschriften – durch die Anknüpfung an den Charaktergemälden der englischen Zeitschriften gespeist.

Dem ursprünglichen Zweck dieser Geschichten entsprechend – Besserung des Menschen und Förderung seiner Selbsterkenntnis –, findet sich in ihnen eine starke Typisierung und eine geringe Einbeziehung der Umweltbedingungen. Hier findet später – unter dem Einfluß der Zuwendung zur subjektiven Erfahrung vor allem im Sturm und Drang – eine auf stärkere psychologische Motivierung abzielende Differenzierung statt. Zu nennen sind die Geschichten von Wieland, Merck, Wezel und Lenz im *Deutschen Museum* und im *Deutschen Merkur*, weiterhin Sturz, Knigge und Halem.

Entscheidende Anstöße erhielt die Gattung durch die veränderte literarische Sichtweise des Außenseiters und Verbrechers, wie sie sich zunächst in anderen Genres vollzog. Zu erinnern ist an Wagners *Kindsmörderin* und an Bürgers *Pfarrerstochter*, aber auch an das frühe Schillersche Gedicht *Die Kindsmörderin* (vgl. Bennholdt-Thomsen/Guzzoni 1979, S. 35 f.). In diesem Zusammenhang ist auf eine Querverbindung des *Verbrechers aus verlorener Ehre* zu Ifflands Drama *Verbrechen aus Ehrsucht* (1784) hinzuweisen (A. W. Iffland 1827, I, S. 115 – 254). Die Parallele zwischen den beiden Titeln ist durchaus nicht zufällig; denn der Titel zu Ifflands Drama, das zu seiner Zeit weit mehr Leser fand als Schillers Geschichte – allein bis 1799 erfolgten fünf weitere Auflagen (Goedeke V, S. 266) –, geht auf einen Vorschlag Schillers zurück (A. Streicher 1974, S. 104). Auch Ifflands Drama verknüpft das Problem des Verbrechers mit der Kritik an der Gesellschaft, ansonsten sind beide Werke allerdings sehr unterschiedlich angelegt, insbesondere auch unter dem Gesichtspunkt der handlungstragenden Bedeutung der »Ehre« bzw. der »Ehrsucht«.

In der Gattung der Moralischen Erzählung werden die kritischen Anstöße vor allem durch August Gottlieb Meißner aufgegriffen. Gerade an Meißners *Skizzen* klingt – schon unter dem Gesichtspunkt der Titelgebung – die Schillersche Geschichte an. Zu nennen ist hier der *Räuber, weil die menschliche Gesellschaft ihn ausstieß* (1780), der *Totschläger durch Eifersucht* (1785) oder der *Blutschänder, Feueranleger und doch ein Jüngling von edler Seele* (1778). Bei Meißner rückt der

Aspekt der Justizkritik in den Vordergrund. Hierin knüpft er wohl an die Auffassungen des Wiener Aufklärers Joseph Sonnenfels und dessen 1765 erschienene *Grundsätze der Polizeiwissenschaft* an (Fürst 1894; neuerdings Bauer 1982).

»Schon 1778 begann *Meißner* in seinen Erzählungen auch die *Kriminalgeschichten* zu pflegen, die er dann 1796 als Sammlung gesondert herausgab. Nach Stoff und Tendenz lassen sich Meißners Kriminalgeschichten in mehrere Gruppen teilen. Die erste, die die schwersten Anklagen gegen die Rechtspflege richtet, sucht zu beweisen, wie jeder Mensch durch eine besondere Verkettung von Umständen zum Verbrecher werden kann. [...] Die zweite Gruppe sucht die Veranlassung zum Verbrechen in abnormer Veranlagung des Thäters (Lombroso): Aberglauben, krampfhafte Sucht fürs Geheimnisvolle und für einen gewissen Nimbus um die eigene Person, religiöser Wahnsinn sind die Hauptmotive.« (Fürst 1897, S. 123 f.)

Wir verfügen zwar über keine zwingenden Anhaltspunkte dafür, daß Schiller die Meißnerschen Texte gekannt hätte, bevor er den *Verbrecher* schrieb. Allerdings nennt er sie 1788 in einem Brief an Körner als exemplarisches Beispiel für den Inhalt einer populären Zeitschrift (NA 25/70 – 72). Dies und die inhaltlichen Parallelen berechtigen uns wohl, in Meißner den unmittelbaren Vorläufer der Schillerschen Geschichte zu sehen, der bereits einen Großteil der Tendenzen bündelt, die dann für den *Verbrecher aus verlorener Ehre* bestimmend werden.

Unsere Ergebnisse verdeutlichen, in welchem Maße Schillers Geschichte von unterschiedlichen Aufklärungstraditionen bestimmt ist. Natürlich bilden diese Traditionen auch den Hintergrund für das spätere Entstehen der deutschen Novelle. Aber Schillers Geschichte bewegt sich im wesentlichen noch innerhalb der Grenzen der älteren Genres; der Schritt zur Novellistik wird hier weder in der praktischen Durchführung vollzogen noch im Entstehungszusammenhang irgend theoretisch berührt.

Nichtsdestoweniger wird der *Verbrecher* immer wieder für den Übergang zu neuen Ufern in Anspruch genommen. B. Zeller postuliert: »Schiller [...] stand noch ganz in der Tradition des 18. Jahrhunderts. Aber mit dieser Geschichte, die zu Kleist hinweist, kündigt sich in der deutschen Literatur ein neuer Stil des Erzählens an.« (Zeller 1964, S. 69) Diese These, so scheint uns, lastet der Geschichte vom *Verbrecher* eine größere Bedeutung im Umbruch der Epoche auf, als ihr tatsächlich zukommt. Zumindest bedürfte sie einer genaueren Fundierung, wobei zunächst die Beziehungen zu Meißner etwa, die von uns lediglich angedeutet werden konnten, genauer gefaßt werden müßten.

1.3.3 »Der Verbrecher aus verlorener Ehre« als Einsatz der Kriminalliteratur?

Schillers Geschichte wird oft auch noch in einer anderen Beziehung als traditionsstiftender Auftakt in Anspruch genommen. »Die stolze Reihe der *Kriminalerzählungen* wird eröffnet durch Friedrich Schillers ›Verbrecher aus verlorener Ehre‹.« (T. Würtenberger, zit. nach: Haslinger 1971, S. 173) So heißt es in einer Arbeit aus dem Jahre 1941, doch so oft diese These seitdem auch wiederholt worden ist, so hat sie darum nicht an Plausibilität gewonnen (vgl. R. Röders und P. Fischer, abgedr. bei: Vogt 1971).

Versteht man den Gattungsbegriff der kriminalistischen Prosa in einem weiten Sinne, als Prosa des Verbrechens, dann steht Schiller nicht an ihrem Anfang. Dies konnte allenfalls einer Geschichtsschreibung des Genres so vorkommen, die die Verbrechensliteratur des 18. Jahrhunderts aus ihrem Horizont ausgeschieden hatte. Faßt man – wie mittlerweile üblich – die Gattungsgrenzen enger, hebt man also nicht bloß auf den allgemeinen Gegenstand ab, sondern auf spezifische Strukturen des Erzählens bzw. der Intentionalität, so fällt Schillers Erzählung in jedem Fall aus der Gattung heraus, welche Struktur man im einzelnen auch immer zugrunde legen will.

Die Geschichte vom *Verbrecher aus verlorener Ehre* hat keinen Detektiv, auch keine detektorische Struktur im weiteren Sinne; die verbrecherische Tat weist überhaupt nichts Dunkles auf, das vom Leser oder seinem Repräsentanten im Text erhellt werden müßte, und aus der Tat (bzw. den Taten) ist keine wesentliche Erkenntnis in bezug auf die Hauptfigur oder auf den kritisierten gesellschaftlichen Zusammenhang zu ziehen. Die eigentliche Struktur der Geschichte – die gesellschaftlich bedingte Genese einer Verbrecherpersönlichkeit und die selbstmächtige und schließlich tödliche Befreiung des Verbrechers aus der Sphäre des Verbrechens – hat keine Affinität zur Gattung der Kriminalprosa im engeren Sinne. Dementsprechend fallen in den einschlägigen Würdigungen des *Verbrechers aus verlorener Ehre* als Kriminalerzählung die Begründungen für die Gattungszuweisung meist extrem begriffslos aus: »Die Dialektik von Kasus und Norm, von Tatsachenbericht auf der Produktionsebene und des angestrebten distanzierten Urteils auf der Ebene des Rezipienten konstituiert die kriminalistisch-kasuistische Struktur der Novelle.« (Freund 1975, S. 13) Oft werden sie überhaupt für entbehrlich gehalten (Marsch 1972) oder die Zuweisung wird schließlich doch wieder relativiert (Haslinger 1971).

Der Grund, warum solche Thesen überhaupt aufgestellt worden sind, scheint uns einzig darin zu liegen, daß ein prominenter Ahnherr für ein massenliterarisches Genre gesucht wurde, das lange Zeit als unwürdig aus dem Kreis der literaturwissenschaftlichen Gegenstände ausgeschlossen blieb und deshalb solche Aufwertung nötig zu haben schien, um der Beachtung teilhaftig zu werden.

Dies spricht nicht gegen differenzierte Einsichten, wie sie etwa Schönhaar gewinnt, der im Schluß der Erzählung Elemente der Detektivliteratur sieht:

»Ein unbestimmter Verdacht, Hinweise, die ihn nähren, falsche Spuren, die ihn entkräften sollen, und schließlich ein dénouement – das sind alles Bauformen detektorischen Erzählens, wie wir sie aus unseren bisherigen Beobachtungen zum Kriminalschema [...] bereits kennen. Überspitzt gesagt, schlägt Schillers unverschlüsselte Kriminalgeschichte [...] an ihrem Ende um in eine verschlüsselte ›Detektivgeschichte ohne Detektiv‹ (Bloch).« (Schönhaar 1969, S. 80)

2 Wort- und Sachkommentar

(Der Verbrecher aus verlorener Ehre wird zitiert nach der Reclam-Ausgabe RUB 8891 [vgl. Literaturverzeichnis] mit Seitenzahl/Zeilenzahl)

3 /1 Der Erstdruck erschien 1786 anonym im 2. Heft der »Thalia« unter dem Titel *Verbrecher aus Infamie / eine wahre Geschichte. (Infamie:* von jmdn. infamieren, d. h. ihn ehrlos machen.) Die Reclam-Ausgabe folgt dem Text des Wiederabdrucks in »Kleinere prosaische Schriften von Schiller« Tl. 1, Leipzig 1792) – offenbar in der Fassung der NA (16/7-29), der durch stilistische Veränderungen, Kürzungen und Tilgung der meisten Sperrungen vom Erstdruck abweicht. (Vgl. die »Lesarten« in NA 16/405 – 407 und die editorische Notiz in SW V/1060.)
3 /3 *Geschichte des Menschen:* Wissenschaft vom Gattungswesen der Menschheit (analog zu: Naturgeschichte svw. Naturwissenschaft). / 4 *Annalen:* Jahrbücher, chronologische Aufzeichnungen. / 7 *Spiel der Begehrungskraft:* System der elementaren menschlichen Triebe, Triebnatur des Menschen. / 8 *Affekte:* Stimmungen, Leidenschaften (Grundbegriff der Aufklärungspsychologie, die zunächst als Affektenlehre formuliert wurde). / 12 *Mechanik der gewöhnlichen Willensfreiheit:* skeptischer Bezug auf die Lehre von der Willensfreiheit, die als mechanisch, d. h. hier als unzureichend im Verhältnis zur Komplexität der wirklichen Handlungsursachen bewertet wird. / 13 *analogisch zu schließen:* Analogieschluß = logisches Schlußverfahren, bei dem von der Ähnlichkeit mehrerer Erscheinungen in bestimmten Eigenschaften auf ihre Übereinstimmung auch in anderen Eigenschaften geschlossen wird. Analogieschlüsse erweisen sich als falsch, wenn ein wesentlicher Unterschied zwischen den in Analogie gesetzten Erscheinungen nachweisbar ist. Der Erzähler plädiert hier für eine vorsichtige Schlußfolgerung von Beobachtungen im Zusammenhang von großen Verbrechen auf die allgemeine Psychologie des Menschen. / 15 *Seelenlehre:* gängige Eindeutschung für ›Psychologie‹. / 15 f. *für das sittliche Leben verarbeiten:* Nutzanwendung für die Gestaltung des gesellschaftlichen Zusammenlebens. / 21 *Phänomene:* das Erscheinende, sich den Sinnen Zeigende. / 27 *Reiche der Natur:* Systeme der belebten und unbelebten Natur. / 28 *Linnäus:* Karl von Linné (1707 – 1778), der das nach ihm benannte Pflanzensystem aufstellte.
4 /1 *bürgerliche Sphäre:* Berufs- und Privatleben (im Gegensatz zur öffentlichen Sphäre der Herrschaftsausübung). / 3 *Borgia:* Cesare Borgia, Sohn Papst Alexanders VI., berüchtigt durch seine Verbrechen. / *in einer Ordnung:* in der gleichen Klasse eines Systems. / 5 *gewöhnliche Behandlung der Geschichte:* traditionelle Geschichtsschreibung, hier insbesondere die verbreiteten Verbrecherbiographien, die auf die Beschreibung der Verbrechen abheben. / 7 f. *das bürgerliche Leben:* Gestaltung des Zusammenlebens der Bürger (hier mit anderem, nämlich auf die bürgerliche Öffentlichkeit abzielenden Akzent als in 4/1). / 15 *historisches Subjekt:* der Gegenstand der Geschichtsschreibung. / 17 *heilsamer Schrecken:* Anspielung auf ›Furcht und Schrecken‹, Zentralbegriff der auf Aristoteles zurückgehenden Katharsis-Theorie. / 33 f. *warm / kalt:* Schiller vermischt hier Kriterien der Vortragsart (überredend vs. sachlich) mit solchen der Gegenstandswahl (verbrecherische Taten vs. Entstehung des Verbrechens).
5 /3 *Manier:* Vortragsweise, literarische Eigenart. / 4 *Usurpation:* widerrechtliche Anmaßung, insbesondere Machtergreifung. / 5 *republikanische Freiheit des lesenden Publikums:* das Lesepublikum wird als Gemeinschaft von freien und gleichen Subjekten

begriffen, die nicht der Vormundschaft des Autors unterstehen, sondern die Aufklärung des Falls (und ihre Selbstaufklärung) in eigener Verantwortung betreiben sollen; Sinnbild für die angestrebte Gestaltung des staatlichen Lebens. / 7 *Verletzung der Grenzengerechtigkeit:* Überschreitung der Grenzen der jeweiligen literarischen Gattung. Schiller spielt hier – allerdings nicht sehr präzise – auf die zeitgenössischen Debatten über die Abgrenzung und innere Gliederung des Systems der Poesie und der Rhetorik an. / 20 f. *moralische . . . physische Erscheinung:* ›moralisch‹ hier i.s. von ›das System der Sittlichkeit und i.w.s. das gesellschaftliche Leben betreffend‹. / 34 *Schierling:* Tollkraut, giftige Pflanze. / 37 *Seelenkunde:* Eindeutschung für ›Psychologie‹.

6 /5 *Duldung:* Toleranz. / 9 *Brand:* Krankheit, Absterben von Geweben des lebenden Körpers. / 16 *Leichenöffnung des Lasters:* es war üblich, die Leichen von Hingerichteten der Anatomie zur Verfügung zu stellen; hier bildlich i.s. der sezierenden Untersuchung der Verbrechensursachen in der Person des Verbrechers und seinen Umständen. /20 . . . *sche Landstadt:* Friedrich Schwan, das Urbild des Christian Wolf, ist 1729 in Ebersbach an der Fils (Württemberg) geboren. Die *Gründe* für das Verschweigen: das vom Erzähler negativ beurteilte Verhalten der Mitbürger (8/19 ff.); vgl. 18/16. / 24 *die Wirtschaft war schlecht:* sie trug wenig Gewinn ein.

7 /1 f. *sinnlich:* er folgt seinem Verlangen nach Sexualität; die Sinnlichkeit wird von Schiller als elementare, aber noch nicht moralisch geläuterte Triebgrundlage der Liebe verstanden. / 11 *Spekulation:* verbesserte Einrichtung des Geschäfts. / 17 *honett zu stehlen:* auf eine nicht ehrenrührige Weise; Anspielung auf die Bewertung des Wilddiebstahls im Volksbewußtsein. / 24 *Scheelsucht:* Argwohn, Mißgunst. / 26 *fleißiger:* häufiger. / 29 *Edikt:* amtlicher Erlaß des Landesherrn. / 30 *Zuchthaus:* Arbeitshaus; die Verurteilung zum Zuchthaus galt als vergleichsweise gelinde erzieherische Strafmaßnahme, vor allem im Unterschied zu den früher auch bei Wilderei angewandten Körperstrafen. / 34 *eingezogen:* verhaftet. / 36 *Strafe:* vermutlich Verurteilung zum Zuchthaus – so auch im Falle Friedrich Schwans überliefert.

8 /13 *Residenz:* Regierungssitz des Landesfürsten (Friedrich Schwan saß seine Zuchthausstrafe in Ludwigsburg, der Residenz des württembergischen Herzogs, ab). / 37 *Mandat:* Auftrag (vgl. 7/29).

9 /1 *solenn . . . exemplarisch:* feierlich (d. h. unter voller Anwendung der Gesetze) und beispielhaft-abschreckend; ironische Verwendung der Amtssprache. / 2 *Zeichen des Galgens:* der Sträfling wird mit einem glühenden Eisen gebrandmarkt, Zeichen der Ehrlosigkeit. / 3 f. *auf der Festung zu arbeiten:* Festungsbauhaft, verbreitete strenge Strafe. / 7 *Epoche:* neuer, entscheidender Abschnitt.

10 /2 f. *des natürlichen Rechts:* Naturrecht, System der angeborenen Freiheitsrechte des Menschen im Gegensatz zum positiven Recht der Gesetze. / 30 *Vesper:* katholische Abendandacht. / 31 *Gemeine:* Gemeinde.

11 /14 *Galliotendienst:* Zwangsarbeit als Ruderer auf einer Galeere. /17 *Zimmerplatz:* Werkstattgelände eines Zimmermanns. / 28 *schändliche Krankheit:* Geschlechtskrankheit. / 32 *Dragoner:* Angehöriger einer leichten Reitertruppe. / *Garnison:* Truppenstandort.

12 /4 *Kreditoren:* Gläubiger, denen Chr. Wolf Geld schuldig ist. / 6 *wie einen Giftigen:* Träger einer ansteckenden Krankheit.

13 /3 f. *auf der Grenze:* im angrenzenden Gebiet.

14 /6 *Kirchhof:* Friedhof. / 9 *reinen Mund halten:* nichts ausplaudern. / 24 *Exekution einer Kindsmörderin:* Hinrichtung; das Schicksal von Kindermörderinnen war ein verbreitetes Thema sozialkritischer Texte des Sturm und Drang.

15 /2 *Viertelmeile:* 1 deutsche Meile = ca. 7,5 km.

16 /20 *bis zum Grassen:* bis zum Gräßlichen, Schrecklichen. / 32 *dahinaus:* südd.: von hier drin nach dort draußen.

17 /1 *brutal:* roh, schonungslos, d. h. ohne Beachtung geselliger Konventionen. / 18 *Topp, Kamerade:* zustimmender Ausruf bei Abschluß einer Vereinbarung. / 27 *auf diese angebotne Gesundheit Bescheid tat:* er erwidert den mit dem Wunsch nach Gesundheit verbundenen Zutrunk des Räubers. / *Erquicktrunk:* Neologismus des Sturm und Drang.

18 /16 *Sonnenwirt in L. . . .:* in den Quellen wird Friedrich Schwan als ›Sonnenwirtle‹, also als der Sohn des Sonnenwirts bezeichnet; zu *L.* vgl. 6/20. / 29 *Amtmann:* Regierungsbeamter; zuvor nicht erwähnt, wohl aber bei Abel vorkommend.

22 /8 *einer H***:* im Erstdruck *Hure.* / 28 f. *zu den aufgeklärten:* Süddeutschland galt als der Teil Deutschlands, in dem die Aufklärung erst in geringerem Maße Fuß gefaßt hatte.

24 /3 *der siebenjährige Krieg:* 1756 – 1763 Preußen gegen Österreich und weitere europäische Mächte.

25 /8 *öffentliche Blätter:* Zeitungen. / 13 *Supplikant:* Bittsteller. / 15 *zu einem Pardon:* auf Gnade. / 17 *im Dienste des Königs von Preußen:* Chr. Wolf will im Krieg (vgl. 24/3) auf seiten Preußens gegen Österreich kämpfen; Schillers Vater hatte als württembergischer Leibmedikus an der Seite Österreichs gekämpft. / 21 *geschärftere Mandate:* verschärfter Auftrag, Befehl. / 24 *Partei genommen:* Aufgabe der Neutralität, Kriegseintritt. / 26 *Torschreiber:* einfacher Beamter, Torwart. / *Städtchen:* Friedrich Schwan wurde in Vaihingen verhaftet. / 27 *vor dem Schlage:* vor dem (hölzernen) Torhaus (vgl. Taubenschlag, Verschlag). / 29 *Klepper:* minderwertiges Pferd. / *burlesk:* komisch, possenhaft. / 32 *Chronologie seiner Entwendungen:* Abfolge seiner Kleidungsdiebstähle. / 34 *Affekte:* vgl. 3/8. / 35 *Walplatz:* Kampfplatz.

26 /2 *Physiognom:* jmd., der aus dem Äußeren (insbesondere aus den Gesichtszügen) einer Person auf deren Charakter schließt. / 11 *Observanz:* strikte Befolgung bestehender Regeln. / *Orakel:* Ratgeber, der aufgrund göttlicher Inspiration rätselhafte, aber verbindliche Sprüche fällt (vgl. Orakel von Delphi); hier ironisch gemeint. / 16 *Oberamtmann:* Friedrich Schwan wurde 1760 von dem Oberamtmann Abel, dem Vater von Schillers Lehrer, in Vaihingen an der Enz festgenommen. / 26 *Janhagel:* Pöbel (aus dem Niederländ.).

27 /12 *Nemesis:* griech. Göttin der Vergeltung. / 30 f. *brutaler Ton:* vgl. 17/1.

29 /7 *unter die Werber zu fallen:* zum Militärdienst verpflichtet zu werden.

30 /3 *er:* im Erstdruck durch Sperrung hervorgehoben (NA 16/29); in der 2. Auflage entfällt diese Sperrung (SW V/35). Die Reclam-Ausgabe schwankt diesbezüglich zwischen dem Text der beiden Ausgaben – wie auch an anderen Stellen.

3 Struktur des Textes

3.1 Gliederungsversuche

Schillers Geschichte vom *Verbrecher aus verlorener Ehre* bietet sich dem Leser als weithin geschlossener, in sich nicht durch Kapiteleinschnitte o. ä. gegliederter Text dar. Zwar fallen – was die erzählerische Gestaltung betrifft – mehrere Perspektivwechsel auf, auch ist die Entwicklung des Helden durch eine klare Stufenfolge gekennzeichnet, doch ergibt sich daraus keine evidente, auf wenige großflächige Teile reduzierbare Grundstruktur, in welcher sich inhaltliche wie formale Aspekte eindeutig vermitteln ließen.

Dieser Befund läuft der Rezeptionserwartung des an der Geschichte der jüngeren Prosakunst geschulten professionellen Lesers zunächst zuwider. Demgemäß haben die Interpreten der Geschichte immer wieder versucht, klare Grundstrukturen herauszuarbeiten. Die Entscheidung fällt dabei bevorzugt für eine Dreigliederung des Texts; doch die Tatsache, daß die Abgrenzung der drei Teile auf unterschiedliche Weise vorgenommen wird, läßt die Vermutung aufkommen, daß hier eher ein ›Zwang zur Dreiheit‹ vorherrscht als ein empirischer Befund (Borcherdt, NA 16/372 – 380; Bennholdt-Thomsen/Guzzoni 1979, S. 133 – 136). Auf die Hervorhebung von drei »Scheitel- und Gipfelpunkten« beschränkt sich Fritz Martini (1961, S. 145 f.). »Elemente der künftigen deutschen Novellenstruktur« postuliert dagegen H. Himmel (1963, S. 24). Er vermag diesen Ansatz allerdings nicht konsequent zu entfalten, räumt vielmehr schließlich ein, daß eine solche Strukturierung die Handlung nicht völlig abdeckt: Er erklärt sich dieses sein Defizit indes damit, daß die Geschichte – mit Ausnahme des Schlusses – lediglich unausgeführte »Materialsammlung« sei.

Aus der Widersprüchlichkeit der Resultate und aus ihrer Unvollständigkeit ist vor allem dies zu lernen, daß die Kriterien, nach denen die Erzählung inhaltlich, formal und gattungsästhetisch rekonstruiert wird, expliziert werden müssen und daß die Entscheidung für eine bestimmte Gliederung vor dem Hintergrund mehrerer Alternativen gefällt werden muß.

Folgende Fragen sollen uns leiten:

1. Wo setzt Schiller die zentralen Einschnitte in Wolfs Lebensgeschichte, und nach welchen Prinzipien sind die einzelnen Lebensperioden einander zugeordnet (Steigerung, Wiederkehr, Opposition)?
2. Entsprechen der inhaltlichen Gliederung der Lebensgeschichte Wolfs Veränderungen in den formal-sprachlichen Strukturen?
3. Lassen die Ergebnisse auf die ersten beiden Fragen Bezüge zu dem Organisationsmuster literarischer Gattungen (z. B. der Novelle oder des Dramas) zu?

Wir möchten dabei ein Verfahren vorschlagen, das von möglichen Grobstrukturen schrittweise zu Feinstrukturen vorstößt.

Zweiteilung

Wolfs Lebensgeschichte, das wird die Analyse der Figur (s. Kap. 4.1) bestätigen, zeigt eine absteigende Linie bis hin zum Mord und zum Anschluß an die Räuberbande: er wird zum Verbrecher. Mit dem Brief an den Landesherrn manifestiert sich eine scharfe Wende: Wolf kehrt sich ab von seinem Verbrecherleben, er will ein nützliches Glied der Gesellschaft werden und zeigt menschliche Größe. Unter diesem Gesichtspunkt ergibt sich eine Zweiteilung der Geschichte.

Der erste Teil läßt sich als fortschreitender Prozeß lasterhaften Handelns beschreiben; umgekehrt der zweite Teil als stufenweiser Weg zur Läuterung. Mord und Räuberleben bezeichnen den Tiefpunkt, das Geständnis den Höhepunkt. Aus der Analyse der Form lassen sich Argumente gewinnen, die diesen Befund stützen. Zum einen findet an dem von uns konstatierten Einschnitt der Wechsel von der Ich-Erzählung zurück zum auktorialen Bericht statt, wenn auch mit einer leichten Verschiebung nach vorne: der erste Absatz, der von der neuen Perspektive geprägt ist, bezieht sich noch ausschließlich auf die Rekapitulation des Räuberlebens (22). Äußerst trennscharf wird der Einschnitt aber durch die sechsfache Wiederholung der adverbialen Bestimmung »jetzt«, welche den Gegensatz der neuen Periode zum Vorhergehenden hervorhebt. Diese Struktur wird verschärft durch die Verwendung der Zeitformen: einem rekapitulierenden Eingangssatz im Plusquamperfekt folgt der Wechsel ins Präteritum, eine Bewegung, die sich in den nächsten Sätzen wiederholt. (Diesen Einschnitt beobachtet auch H. Borcherdt [NA 16/377 f.].)

Die so aufgedeckte Struktur ist gattungsästhetisch noch wenig aussagekräftig. Sie erinnert allenfalls an die Grundstruktur von Erweckungstraktaten.

Drei- und Vierteilung

Bei Wolfs *Weg in die Tiefe* fällt ein Einschnitt auf: der Mord. Mit dem Mord wird Wolf zum Verbrecher, als der er im Titel der Geschichte angekündigt ist, und die spätere Räuberexistenz ist die angemessene Lebensform. Schiller wertet diese Etappe als »Gipfel seiner Verschlimmerung« (23). Zwar hat Wolf bereits zuvor Handlungen begangen, die von der Obrigkeit als rechtswidrig sanktioniert werden, und er ist durch Kompensations- und Ausgrenzungsmechanismen in Gegensatz zu den gesellschaftlichen Normen geraten; dennoch stellt erst der Mord den entscheidenden Schritt dar, durch den er dem allgemeinen moralischen Verdikt unbedingt anheimfällt und auch gemäß seiner eigenen Sichtweise in ungeschützter Schlechtigkeit dasteht: »Bis hierher hatte ich auf Rechnung meiner Schande gefrevelt; jetzt war etwas geschehen, wofür ich noch nicht gebüßt hatte.« (14) Diese Abgrenzung wird dadurch unterstützt daß mit der Mordszene eine Intensivierung der Erzählweise einsetzt: ausführlich werden nun einzelne Gedanken, Emotionen und – später – Gespräche wiedergegeben, was zuvor nur punktuell der Fall ist. Die Erzählzeit nähert sich – in bezug auf die Ausdehnung – der erzählten

Zeit an. Und weiter: die Mordszene setzt deutlich akzentuiert ein: der Wechsel der Zeitformen – vom Präteritum über das Plusquamperfekt ins Präsens – kündigt ein neues, herausragendes Ereignis an. Die dreifache Wiederholung des ›jetzt‹ (14) ist in gleicher Weise zu verstehen. (Bennholdt-Thomsen/Guzzoni setzen dagegen den ersten Einschnitt zwischen Mordszene und Räuberleben [1979, S. 134 f.].) Alternativ fällt die Möglichkeit ins Auge, nicht den Abstieg, sondern den *Aufstieg* Wolfs zu untergliedern. In dem Brief an den Landesherrn und in dem Versuch, nach Preußen zu fliehen, wird Wolfs Bemühen deutlich, nunmehr ein nützliches Leben zu führen und sein Verbrechen zu sühnen. Erst in dem Geständnis gegenüber dem Amtmann aber zeigt er schließlich Größe, fordert er das System, das ihn zugrunde gerichtet hat, heraus, indem er sich ihm ausliefert und sich der Gnade des Landesherrn unterwirft. Dieser Einschnitt wird durch formale Beobachtungen nicht gestützt. Die szenisch-dialogische Darstellungsweise bleibt durchgehend bestimmend. Dennoch scheint uns die Schlußpointe unter dem Gesichtspunkt der moralischen Linienführung so gravierend, daß dieser Einschnitt seine Berechtigung erhält. Die beiden Alternativen, den *Abstieg* wie den *Aufstieg* zu untergliedern, widersprechen sich nicht, lassen sich vielmehr kombinieren: daraus ergibt sich eine Vierteilung. In der Forschung findet sich eine solche Feststellung nicht, vermutlich wegen des Systemzwangs in Richtung auf die Dreiteiligkeit; außerdem legt sich bei diesem Stand der Dinge eine weitere und letzte Unterteilung nahe.

Fünfteilung

Die Suche nach weiteren Untergliederungsmöglichkeiten führt auf die Aussage des Titels: Erst durch die Ehrlosigkeit ist Wolf zum Verbrecher geworden. D. h., die Vorgeschichte des Mords zerfällt in zwei Phasen, zunächst in die eine, in der Wolf sich zwar durch abweichendes Verhalten und durch kriminelle Delikte der Verurteilung durch die Justiz und der Ausgrenzung seitens der Gesellschaft ausliefert. Aber erst die Verurteilung zur Festungshaft bringt ihn um die Ehre und setzt damit ein Destruktionspotential frei, indem Wolf nun die Ehrlosigkeit als Bedingung und Motiv seines Handelns setzt. Mit der Verurteilung zur Festungshaft und dem Einbrennen des Zeichens »fängt eine neue Epoche in seinem Leben an« (9) (vgl. die retrospektive Wertung im Brief an den Landesherrn [24]). Erzähltechnisch erfolgt an dieser Stelle der Übergang vom auktorialen Bericht zur Ich-Erzählung Wolfs, motiviert als Bekenntnis »gegen seinen geistlichen Beistand und vor Gericht« (9).

Uns will scheinen, daß wir mit der Fünfteilung die immanenten Strukturen der Geschichte auf angemessene Weise ans Licht gehoben hätten. Damit nähert sich die Struktur derjenigen des Dramas. Die Erzählung könnte als dramatischer Entwurf folgendermaßen gegliedert werden:

1. Akt

Konflikt: Soll er die Liebe Hannchens mit Hilfe krimineller Handlungen gewinnen oder sich den gesellschaftlichen Normen anpassen?
Folgenreiche Entscheidung: Er wird zum dritten Mal Wilddieb.
Überraschende Wendung: Er wird durch überharte Bestrafung um seine Ehre gebracht.
Spannung: Weiteres Schicksal (kann er seine Ehre wiedergewinnen?).

2. Akt

Konflikt: Soll er dem Gewissen folgen oder sich mit der Unmoral der Mitgefangenen gemein machen (Bedaurung gewinnen)?
Folgenreiche Entscheidung: Er akzeptiert Ehrlosigkeit.
Überraschende Wendung: Er handelt aus der Ehrlosigkeit heraus destruktiv gegen die Gesellschaft und gegen sich selbst.
Spannung: Weiteres Schicksal (Wie weit treibt er die Destruktion? Wie reagiert die Gesellschaft?).

3. Akt

Konflikt: Soll er seinen Rachegefühlen nachgeben und Robert töten oder nicht?
Folgenreiche Entscheidung: Mord.
Überraschende Wendung: Er findet Anerkennung (Ehre) bei der Räuberbande.
Spannung: Weiteres Schicksal (Welche Taten vollbringt er als Räuberführer? Verwirklichen sich seine Hoffnungen?).

4. Akt

Konflikt: Wie soll er auf die Desillusionierung reagieren? Weitermachen oder umkehren?
Folgenreiche Entscheidung: Entschluß, rechtschaffen zu werden und an die Gnade des Landesherrn zu appellieren.
Überraschende Wendung: Flucht nach Preußen / Verhaftung.
Spannung: Wird seine Identität aufgedeckt oder nicht?

5. Akt

Konflikt: Wie soll er auf die Achtung und das Vertrauen des Amtsmanns reagieren?
Spannung: Behält er Freiheit und Leben?
Überraschende Wendung: Selbstverrat.

Es bliebe der Versuch, die einzelnen Teile in Beziehung zu setzen zu den Begriffen der Dramentheorie (Exposition, Peripetie etc.).
Doch wollen wir die Stringenz dieses Modells nicht überbewerten. Die in der Forschung angebotenen Strukturierungen decken sich nur teilweise mit den von uns aufgefundenen Einschnitten. Und dies ist nicht zufällig so: bilden doch die formalen Oberflächenstrukturen (Erzählperspektive, Zeit, Ort) des Textes die Fünfgliedrigkeit nur teilweise augenfällig ab. Der von uns unternommene Gliederungsversuch sollte vielmehr nicht nur zeigen, daß großflächige Strukturen dem Text immanent sind, sondern auch, daß diese Strukturen nicht gänzlich durchgestaltet sind, nicht unbedingt ein konstitutives Element des Kunstcharakters des Textes sind. Dies ist nicht als Versagen Schillers zu werten, sondern als Zeichen seiner Verankerung in der Kunstprosa der Aufklärung, für die solche Verdich-

tungsvorgänge – wie sie insbesondere die Novelle prägen – noch nicht bezeichnend waren. Schillers Geschichte hält sich – trotz aller künstlerischer Überformung des historischen Materials – immer noch offen gegen die eigensinnigen Strukturen der erzählten Wirklichkeit, nimmt sie flexibel auf.

3.2 Ästhetische, formale, sprachliche Strukturen

Beim Versuch, den Text der Erzählung zu gliedern, haben sich Bezüge zum Aufbau des Dramas ergeben (vgl. Kapitel 3.1). Nun soll die Frage nach dem Genre allgemeiner gestellt werden: Handelt es sich bei der Erzählung überhaupt um einen ästhetischen Text – oder nicht vielmehr um einen historiographischen? Hinweise hierzu gibt die Einleitung zu der Geschichte (3 – 6). Anschließend untersuchen wir einige literarische Techniken, die Schiller einsetzt. Zum Schluß stellt sich die Frage, wie die Vielfalt der sich abzeichnenden Gestaltungsmittel zu bewerten ist.

3.2.1 Reflexion des Genrebezugs in der Einleitung

Die einleitenden Bemerkungen Schillers sind vielfach mit Unbehagen aufgenommen bzw. als überflüssig abgetan worden. So spricht W. Heynen von einer »recht abstrakten Einleitung«, die er »gern hingeben« würde für den eigentlichen Anfang der Geschichte (1913, S. 27). J. Klein erklärt sie schlicht für »viel zu lang« (1960, S. 66).

Demgegenüber sind wir der Auffassung, daß hier nicht nur das Verfahren des Erzählers legitimiert, sondern die Perspektive des Lesers auf den Text entscheidend geprägt wird (ähnlich Kanzog 1976, S. 180); dies geschieht durch die *Reflexion des Genrebezugs* und durch die Fixierung der *aufklärerischen Zielsetzung*. Diese Funktion der Einleitung erschließt sich dem heutigen Leser nur dann angemessen, wenn er sie als stringente theoretische Argumentation entziffert und sie nicht als beliebige Ansammlung von poetologischen Maximen, die ohne Rücksicht auf ihren Zusammenhang zitierbar wären, begreift. Der hier entwickelte Begriffsapparat erscheint allerdings zunächst relativ fremd, und die Art der Argumentation wird an solchem Ort nicht erwartet.

Als *Thema* der gesamten Einleitung wird im ersten Absatz die Beziehung zwischen der »Geschichte des Menschen« und den »Annalen seiner Verirrungen« (3) hervorgehoben, also die Frage nach der Relevanz des Verbrechens (und seiner Darstellung) für das menschliche Gattungswesen. Dieses Thema wird systematisch in drei Schritten entfaltet und auf den nachfolgend mitgeteilten Fall bezogen.

Im ersten Schritt (2. Absatz) stellt Schiller das Postulat auf, die »Seelenlehre« – also die *Psychologie* – habe aus dem Verbrechen die Erkenntnis zu gewinnen und gesellschaftlich nutzbar zu machen, daß unterschiedliche »Charaktere und Handlungen« – gemäß dem spezifischen Steigerungsgrad der involvierten Affekte bzw. gemäß der jeweiligen Einbindung der Subjekte in die Gesellschaft – aus »einerlei Neigung« herrühren können (3).

In einem zweiten Schritt erörtert Schiller die Methoden einer entsprechenden *Historiographie des Verbrechens,* und zwar unter dem Kriterium ihrer gesellschaftlichen Wirksamkeit, nämlich ihrer Eignung, zur Aufklärung des Lesers beizutragen. Kritisch wird zunächst gegen die »gewöhnliche Behandlung der Geschichte« (4) eingewandt, daß sie nicht hinlänglich in der Lage sei, zwischen Leser und Gegenstand zu vermitteln. Sie erreiche nur »Befremdung«, aber nicht »heilsamen Schrecken« (4). Ihre Zwecke könne sie aber nur erreichen, wenn sie dem Leser das Gefühl der Ähnlichkeit mit dem »Unglücklichen« erregt. Daraus ergibt sich die berühmte Konsequenz: »Entweder der Leser muß warm werden wie der Held, oder der Held wie der Leser erkalten.« (4) Schiller weist die erste Möglichkeit ab, da sie die »republikanische Freiheit des lesenden Publikums« (5) beleidige, d. h. die Potenz der Selbstaufklärung nicht nutzbar macht. Sie verletze zudem die Gattungsgrenzen zwischen der Geschichtsschreibung einerseits und der Rhetorik und der Dichtung andererseits. (W. Heynen [1913, S. 27] sieht Parallelen zu Diderots Reflexionen in den *Deux amis de Bourbonne.*) Demgemäß wendet er sich der zweiten Möglichkeit zu und erläutert sie. »Der Held muß kalt werden wie der Leser« (5), das zielt durchaus nicht auf eine etwaige Kälte des Vortrags, auf das Stilmittel des Dokumentarismus etwa, sondern das meint die Bestimmung des sinnvollen Darstellungsgegenstands: nicht die empörenden Taten des Verbrechers sind vorzuführen, sondern seine »Gedanken« und die »Quellen seiner Gedanken«, d. h. die »unveränderliche Struktur der menschlichen Seele« und die »veränderlichen Bedingungen, welche sie von außen bestimmten« (5).

Im dritten Schritt wird zunächst die bislang nur allgemein berührte Forderung nach der *gesellschaftlichen Nutzbarmachung* der psychologischen Erkenntnis des Verbrechens aufgegriffen und auf dem Hintergrund der neu bestimmten Methodik der Verbrechenshistoriographie näher umrissen. Der Nutzen wird erkannt in der Verunsicherung der selbstgerechten Tugend und in der Verbreitung von Toleranz mit dem Ziel der »Aussöhnung« zwischen dem Gesetz und dessen Beleidiger sowie in der Rettung bedrohter Gesellschaftsglieder: genuin aufklärerische Zielstellungen.

Zugleich wird die Verbindung zu dem im folgenden mitgeteilten Fall gezogen. Als leitender Gesichtspunkt ergibt sich einerseits die Frage, ob auch Christian Wolf im Lichte der zuvor mitgeteilten Auffassungen einen Anspruch auf Toleranz gehabt hätte, andererseits die Hoffnung, daß diese »Leichenöffnung« die »Menschheit« und die »Gerechtigkeit« unterrichte (6), d. h. die Gesellschaft humanisiere und die Justiz zur Gerechtigkeit anstifte.

Des weiteren wird das *Urteil* über das Schicksal Wolfs vorgeprägt: gewarnt wird vor der Überschätzung der »gewöhnlichen Mechanik der Willensfreiheit« (3); demgegenüber werden die Wechselwirkungen zwischen Subjektivem und Gesellschaftlichem akzentuiert. Daher wird auch im vorliegenden Fall die vorschnelle

Verurteilung Wolfs durch den Leser abgewehrt und die Frage auf ein eventuelles Versagen der Gesellschaft und der Justiz gerichtet. Überdenken wir einige Konsequenzen für das Verständnis der Geschichte. Zunächst ist damit die Gattung des Texts eindeutig bestimmt. Es handelt sich hier nicht um ›Dichtung‹, sondern um einen historiographischen Text. In diesem Sinne ist auch der Untertitel – »Eine wahre Geschichte« – zu lesen (vgl. Minor 1890, 2, S. 472 und 474). Als Gegenstand des Texts hebt sich die psychologische Fragestellung nach dem Ineinanderwirken äußerer Umstände und subjektiver Affekte ab. Der Schwerpunkt liegt dabei nicht auf der Befremdlichkeit des Falls, sondern auf der Ähnlichkeit zwischen den Antrieben der Leser und Christian Wolfs.

Natürlich können wir aus all dem nicht die Schlußfolgerung ziehen, den Text aus der Geschichte der Literatur auszuschließen und der Psychologie bzw. der Geschichtswissenschaft zuzuweisen. Denn selbstverständlich stellt die literarische Praxis Schillers einen Schritt in Richtung auf die Novelle und allgemeiner auf die Kunstprosa dar; sie entspricht nicht den gängigen Verfahrensweisen der zeitgenössischen Wissenschaftsprosa. Aber die Unausgebildetheit eindeutiger Gattungsgrenzen zwischen Kunstprosa und Historiographie muß festgehalten werden: die aufklärerische Erzählprosa, wie Schiller sie hier vertritt, hat ästhetische und unterhaltsame Akzente, ist aber gegenüber der Historiographie noch nicht endgültig emanzipiert.

Wenn sich Schiller entschließt, den Helden »erkalten« zu lassen, so impliziert dies keine distanzierende oder sachliche Gestaltungsweise. R. Schönhaar erwartet aufgrund der Maxime Schillers »eine gewisse Zurückhaltung des Erzählers als Kunstprinzip«, welche er dann aber nicht vorfindet (1969, S. 76). Dieses Mißverständnis ist vermutlich darauf zurückzuführen, daß Schillers Maxime mit den Prinzipien dokumentarischer Literatur unzeitgemäß konnotiert wird. Ins Groteske gesteigert findet sich dieses Fehlurteil bei G. Köpf (1978a, S. 48 f.), der Schillers Maxime mit den Worten kommentiert: »Dieses Ziel wurde nicht erreicht.« Schiller verfolge lediglich den Zweck, die Vorsicht des Lesers auszuschalten, um ihn leichter manipulieren zu können. Doch es ist ja sein erklärtes Ziel, den Leser in »heilsamen Schrecken« zu versetzen, ihn zu »rühren«, also Identifikation zwischen Leser und Held zu stiften. Zu diesem Zwecke setzt er die ihm zu Gebote stehenden literarischen Gestaltungsmittel ein. Wenn er zuvor die »Manier«, den Leser durch »hinreißenden Vortrag« zu bestechen, als »Usurpation« kritisiert hat, dann ist das streng begrenzt als Ablehnung einer Methode zu verstehen, die die Genesis des Verbrechens ausklammert, auf den sinnlichen Reiz der Taten des Verbrechers setzt und damit sich der Urteilskraft des Lesers entzieht (vgl. hierzu die spätere Weigerung des Erzählers, auf die Taten Wolfs einzugehen, weil davon »nichts Unterrichtendes« ausgehe [22]). Allerdings mag darüber nachgedacht werden, ob Schiller mit der Metaphorik der ›Kälte‹ und der ›Wärme‹ einen völlig überzeugenden Ausdruck für seine Intentionen gefunden hat, oder ob darin nicht von Beginn an Möglichkeiten des Mißverstehens angelegt sind. Schiller mag sich von dem vorgefundenen Begriffspaar faszinieren lassen haben, ohne es zureichend für seine Intentionen funktionalisieren zu können.

3.2.2 Einzelne Gestaltungsmittel

Perspektivität

Die in der Einleitung getroffenen Aussagen machen die Grundentscheidung Schillers in bezug auf die perspektivische Gestaltung der Erzählung plausibel. Er muß sich für einen frei schaltenden allwissenden Erzähler entscheiden, der nur geringe Distanz zum Autor hat, weil nur ein solcher Erzähler in der Lage ist, das Ereignismaterial im Sinne des ›Unterrichtens‹ zu selektieren und – schwerpunktsetzend und raffend – zu organisieren. Dabei macht der Autor den Leser zum Komplizen des Erzählers, indem er ihm vorab das Wissen über die Hinrichtung Wolfs übermittelt. Solchermaßen wird die Geschichte vom Ende her erzählt, um die Spannung auf das Wie zu verlagern, weg vom Interesse am Ausgang der Verstrickungen. (Auf diese Weise wird zugleich die abschließende Pointe der Selbstentdeckung Wolfs erzähltechnisch vorbereitet.)

Auch dort, wo der Erzähler den Helden selbst berichten läßt, findet keine spezifische Brechung oder Verengung der Perspektive statt: Christian Wolf überschaut in dem Moment, in dem er erzählt, das Ganze der Geschichte. Seine Sichtweise und seine Bewertungen sind prinzipiell identisch mit denen des Erzählers. Anders gesagt: der Erzähler spricht unmittelbar durch seine Hauptfigur.

Im Rahmen dieser Hauptperspektive findet ein mehrfacher Perspektivenwechsel statt. Die distanzierte Perspektive des »sachkundigen Berichterstatters« (Storz 1959, S. 176) wird abgelöst von der Ich-Erzählung Wolfs, die sich durch einen höheren Grad der Anschaulichkeit auszeichnet. Im Schlußteil ist wiederum die auktoriale Perspektive bestimmend. Daneben findet sich die dokumentarische Perspektive (Brief an den Landesherrn) und die szenisch-unmittelbare Darstellungsweise (in der Begegnung mit der Räubergestalt und in den Schlußpassagen).

Diese Perspektivenwechsel haben ihre Funktionalität im Zusammenhang der einerseits didaktisch ausgerichteten, andererseits auf Identifikation und Betroffenheit zielenden Absichten des Autors. Wenn am Schluß die Innensicht Wolfs aufgegeben wird, so ist dies darin begründet, daß nur so die Selbstentdeckung als Pointe gestaltet werden kann.

Der Wechsel läßt sich indes auch als Instrument einer leserzugewandten Erzählökonomie interpretieren. Martini erinnert an die Aufklärungstradition, die die »Anmut« der Prosaerzählung im Wechsel der Erzählformen verwirklicht sieht und dadurch den »natürlichen« gegenüber dem »künstlichen« Stil auszeichnet (Martini 1961, S. 143 f.). Auch findet hierdurch der den ganzen Text prägende Gegensatz von Handlung und Reflexion seinen angemessenen Ausdruck. »Der Wechsel von lebendiger Gegenwart und Versinnlichung einerseits, von zusammenfassender Überschau andererseits wird gerade zum Prinzip der Erzählung und ihrer Wirkungen.« (ebd., S. 144; ähnlich von Wiese 1978, S. 312)

Ein prekäres literarisches Gestaltungsmittel wählt Schiller, indem er Anleihen bei den Mustern trivialer Unterhaltungsliteratur nimmt; dies betrifft die Ausgestaltung von Wolfs Anschluß an die Räuberbande als Teufelspakt und Gang in die Hölle.

Schon das Äußere des Räubers, der auch als »Erscheinung« bezeichnet wird, erfährt eine einschlägige, fast karikaturistische Gestaltung (16). Im Moment der Begegnung assoziiert Wolf die »Hölle« (17). Die Beziehung zwischen Wolf und dem Räuber wird mit einem erstaunlich erquickenden Trunk und der Formel »Topp, *Kamerade!*« besiegelt. Wolfs Mitteilung, er sei zu diesem Zeitpunkt bereit gewesen, »mit dem höllischen Geiste« Kameradschaft zu trinken, legt – ihrer konjunktivischen Formulierung zum Trotz – dem Leser nahe, den Vorgang tatsächlich als Teufelspakt zu verstehen.

Der Räuber hält im weiteren ein vertracktes Plädoyer zugunsten Wolfs (18 f.), das des Teufels durchaus würdig wäre. Und er deutet sich selbst als Spieler in einem Spiel um Wolfs Seele, das deutlich an die Wette zwischen Gott und Teufel um Faust erinnert: »jetzt bist du reif, jetzt hab' ich dich, wo ich dich brauchte. Ich werde Ehre einlegen mit dir.« (19)

Überdeutlich sind schließlich die Parallelen zwischen »Abgrund« und »Hölle«, woraus keine Erlösung mehr ist« (19 f.). Das »Hohngelächter der Hölle« begleitet Wolfs physische Unfähigkeit, den Willen zur Flucht in die Tat umzusetzen.

Diese gesteigerte metaphorische Gestaltung fällt um so mehr auf, als im übrigen Text vergleichbare Elemente fast völlig fehlen. Ausnahmen sind in der Gestaltung von Wolfs Schwanken vor dem Mord (13) und in der szenischen Gestaltung des Schlusses zu sehen. Ja, teilweise hat es den Anschein, als ob der Vorgang nicht bloß metaphorisch gedeutet werde, sondern der Anschluß an die Räuberbande tatsächlich in wörtlichem Sinne als Teufelspakt zu verstehen sei. Dieses Schwanken darf als kalkuliertes Spiel Schillers mit den Leseerwartungen der Konsumenten von massenwirksamer Unterhaltung verstanden werden. A. Doppler sieht dagegen in diesen Passagen den eigentlichen »eschatologischen Sinn« der Geschichte, die dadurch eine »deutungsvolle Tiefe« erhalte (1968, S. 54). In Verkehrung des Sachverhalts behauptet J. A. McCarthy, die metaphorischen Passagen wendeten sich besonders an den »›denkenden‹ Leser«, der sich »an dem Versteckspiel des Autors« erfreuen könne (1979, S. 38).

In der Anknüpfung an die Unterhaltungsliteratur reflektiert sich das ökonomische Kalkül von Schillers Zeitschriftenproduktion (vgl. oben Kapitel 1). Doch muß dieses Gestaltungsmittel als prekär erscheinen, insofern hier die ansonsten durchaus diesseitig konstruierte Dynamik der Geschichte um einen übernatürlichen Wirkungsfaktor erweitert wird. Wir sehen hier einen Bruch in der Gestaltung der Geschichte, den wir uns damit erklären, daß Schiller der Eigendynamik eines für begrenzte Zwecke gewählten literarischen Mittels schließlich nicht Herr wurde.

Die Sprache Schillers im *Verbrecher aus verlorener Ehre* hat durchaus ihren eigenen ›sound‹. Zwar wechselt die sprachliche Gestaltung in den einzelnen Teilen, doch lassen sich aufs Ganze gesehen einige übergreifende Feststellungen treffen. Die Sätze sind meist kurz und von einfachem syntaktischem Bau. Der Stil scheint durch den Willen zur Knappheit bestimmt, bis hin zum Lakonismus – etwa im Gespräch mit der Räubergestalt. Metaphern finden sich kaum, eine symbolische Durchgestaltung liegt nicht vor. Um so mehr fallen die Ausnahmen ins Auge: z. B. das Bild von der ablaufenden Uhr (13/27). Stilprägend ist die Begrifflichkeit der zeitgenössischen Moralphilosophie und Psychologie; dementsprechend herrschen Substantive gegenüber anderen Wortarten vor. Man vergleiche etwa den Streit um Seelenvermögen und Affekte in der Rückschau Wolfs auf die Zeit der Festungshaft (9), die Gestaltung der Mordszene (13 f.) oder der Abkehr von der Räuberbande (22 – 24).

Diese Einzelzüge geben dem Text ein rhetorisches Gepräge. Und in der Tat läßt sich der Text übergreifend als forensisches Plädoyer verstehen, dessen Sprachform von der Verknüpfung von Fakten und Werturteilen bestimmt ist. (Schiller führt die Geschichte ja selbst als Plädoyer zum Fall Wolfs ein [6].) Auch ergeben sich Bezüge zum Stil des historiographischen Genres. Auf jeden Fall erscheint es sinnvoll, Schillers Sprache im Sinne seiner »Gegnerschaft zur Empfindsamkeit« (Köpke in: Herbst 1982, S. 55 f.) zu verstehen.

Einen Höhepunkt erreicht die rhetorische Durchgestaltung im Brief an den Landesherrn; doch läßt sich auch an anderen Stellen eine ähnliche Zuspitzung nachweisen. Dieser Brief besteht aus 21 kurzen Sätzen, die zusammen kaum mehr als eine Druckseite füllen. Fast jeder dieser Sätze ist geprägt durch die Entgegensetzung und Parallelisierung zentraler Begriffe – meist in substantivischer Form –, die zusammengenommen den gesamten Problemhorizont der Geschichte reflektieren.

Zunächst fällt die deutliche argumentative Gliederung des Briefs ins Auge.

1. Angebot (Satz 1 – 2)
2. Bedingung und deren Erläuterung (subjektiv/objektiv) (Satz 3 – 8)
3. Begründung I (formell): Zustand der Freiheit (Satz 9 – 11)
4. Begründung II (materiell): Vorgeschichte (Satz 12 – 16)
5. Appell
5.1 Handlungsperspektive I: Gnade (Satz 17 – 20)
5.2 Handlungsperspektive II: Gerechtigkeit (Satz 21)

Diese Grobstruktur läßt sich – bis hin zur Funktion der einzelnen Sätze – mit Hilfe von Kategorien wie Einleitung, Verallgemeinerung etc. weiter explizieren. Auf der Ebene der einzelnen Sätze und Satzverknüpfungen lassen sich durchweg Figuren der traditionellen Rhetorik konstatieren, so etwa die Anrufung des Landesherrn zu Beginn und Schluß des Briefs oder Figuren der Doppelung und des Gegensatzes (z. B. Anapher, Aufzählung [Häufung], Antitheton, Correctio, Chiasmus).

Die Vielfalt der von Schiller aufgegriffenen Gestaltungsmittel ist immer wieder mit besorgtem Unterton vermerkt worden, bis hin zur skeptischen Frage, ob Schiller den Gattungsgrenzen genügenden Respekt zolle. Am unbefangensten hat dies bereits früh Riemann ausgedrückt. Er kritisiert insbesondere an der Schlußszene die »theatralische Pose«: die »Steigerung des Ausdrucks« kontrastiere zu stark »mit dem ruhigen Stile der Erzählung« (Riemann 1905, S. 542). Allgemein: »Die Grenzen der Kunstformen verschwimmen gegeneinander, weil der Dichter *keine* mit sicherer Hand beherrscht.« (ebd., S. 536) Martini beobachtet in der Intention Schillers auf unmittelbare Wirkung, in der Verringerung der Distanz »zwischen dem erzählten Vorgang und dem Leser«, in der Durchbrechung der »epischen Kontemplation« des Lesers bühnenmäßige Elemente (Martini 1961, S. 137). Er führt die Vielfalt der Gestaltungsmittel – und insbesondere den Perspektivenwechsel – auf die Absichten Schillers zurück:

»Nicht um die Entfaltung einer in sich ›stimmigen‹ epischen Einheit geht es in dem ›Verbrecher aus verlorener Ehre‹, die ›organisch‹ in sich selbst ruht, sondern um eine vom Erzähler gelenkte, alle verfügbaren Mittel elastisch ausspielende, auf die ›Sinnlichkeit‹ und die Einsicht des Lesers gerichtete Wirkungsintensität, die durch eine lediglich distanziert erzählende, mit epischer »Objektivität berichtende Form abgeschwächt würde.« (ebd.)

Deshalb ist es falsch, von einer »novellistischen Erzählung« zu sprechen, wie es von Wiese (1978, S. 310) tut. Es gilt, wie Martini (1961, S. 143) postuliert, die »Geschichtlichkeit der Formensprache« zu respektieren.

4 Gedanken und Probleme

4.1 Genesis eines Verbrechers: Dynamik der negierten Triebe

Die Überschrift unserer Geschichte hebt als deren Kern die Frage hervor, warum ein Mensch, über den zunächst nichts weiter bekannt ist, zum Verbrecher geworden ist. Die Frage wird zugleich thesenhaft beantwortet: »aus verlorener Ehre« nämlich. Diese These weist auf einen psychischen Mechanismus hin, aber zugleich auf eine gesellschaftliche Dimension; denn Ehre genießt eine Person in dem Maße, wie sie ihr von der Gesellschaft entgegengebracht wird. »Ehre ist die Meynung andrer Leute, nach der sie einem Menschen einen Vorzug vor den andern beylegen.« (Zedlers Universal-Lexikon, Bd. 8 [1734]; zit. nach: Rautenberg u. a. 1982, S. 46)

Die Problemstellung wird in der Einleitung expliziert. Auf der einen Seite ist hier die Rede von Kräften, die aus dem Subjekt selbst hervorgehen bzw. es konstituieren, auf der anderen Seite von den Bedingungen, unter denen diese Kräfte sich entwickeln und wirksam werden. Die Geschichte wird also von dem Problem der Entwicklung der Person im Wechselspiel von Subjektivem und Gesellschaftlichem handeln.

Wir werden dementsprechend die Ausgangslage Christian Wolfs und die seine Entwicklung bedingenden Umstände untersuchen. Wir werden nach seinen Bedürfnissen fragen und danach, wie diese sich realisieren oder nicht, und welche Dynamik von deren Negierung ausgeht.

Dabei halten wir uns bewußt, daß unsere Fragestellung sich von der Schillerschen unterscheidet; denn Schiller verwendet gerade den Begriff ›Bedürfnis‹ nicht. Statt dessen: »Kraft« oder »Begehrungskraft«, »Affekte«, »Leidenschaft«, »Begierde«, »Trieb« und schließlich auch »Wille« (3 f.). Wir werden indessen den Bedürfnisbegriff dennoch benutzen, allerdings im Bewußtsein der historischen Differenz, indem wir uns vorausgreifend klar machen, warum Schiller ihn nicht benutzt. Schillers Problem ist nämlich – in der vorliegenden Geschichte wie auch in den frühen philosophischen Texten –, wie aus den niedrigen Kräften des Menschen, die ihn mit dem Tier verbinden, sich die spezifisch menschliche Fähigkeit zur freien Willensentscheidung nach Maßgabe moralischer Kriterien entwickelt – oder eben nicht entwickelt. Genau dieser Dualismus von »Trieb« und »Wille« ist im moderneren Begriff des Bedürfnisses aufgehoben.

In gleicher Weise ist festzuhalten, daß Schiller nicht über den emphatischen Gesellschaftsbegriff verfügt, den wir an die umrissene Problemstellung heranzutragen gewohnt sind. Er kennt die »bürgerliche Sphäre«, die »Gesetze«, den »Körper des Staats«, die »Gerechtigkeit«, oder allgemeiner »die Beschaffenheit und Stellung der Dinge, welche einen [...] Menschen [umgeben]« (3 – 5), schließlich auch die »Gesellschaft« (6), aber eigentlich nur in dem Sinn der quantitativen Summierung der vielen Subjekte.

Nach der Klärung der Bedürfnisse und Charaktermerkmale Christian Wolfs – im Kontext seiner sozialen Stellung – untersuchen wir den Prozeß, der durch die Negation von Wolfs Bedürfnissen in Gang gesetzt wird. Unsere Aufmerksamkeit gilt dabei in gleicher Weise den jeweiligen Momenten, die für die Verschärfung der Widersprüche den Ausschlag geben, sowie der Form, die Wolfs Bedürfnisse im Verlaufe des Prozesses annehmen.

4.1.1 Voraussetzungen: Bedürfnisse, Charaktermerkmale und soziale Stellung

Welche Bedürfnisse Christian Wolfs sind es, die sein Handeln bestimmen? Aufs Ganze der Geschichte heben sich drei entscheidende Bedürfnisse ab. Da ist zunächst die Sinnlichkeit, wie sie in der Beziehung zu Hannchen hervortritt; moderner gesprochen: seine Sexualität. Da ist zweitens sein Bedürfnis nach mitmenschlicher Zuwendung, nach »Bedaurung« (9), wie es im Zusammenhang der Festungshaft heißt. Und da ist drittens das Bedürfnis nach Ehre, nach gesellschaftlicher Geltung. Es erscheint uns sinnvoll, aufgrund ihrer Gemeinsamkeit diese drei Bedürfnisse unter dem Oberbegriff des ›Assoziationsbedürfnisses‹ zusammenzufassen. Dieser Begriff stellt nämlich die Beziehung her zu dem Begriff der »Liebe« in Schillers frühen philosophischen Schriften. Die »Liebe«, als »der schönste, edelste Trieb in der menschlichen Seele«, dient hier als das Zwischenglied, das das Streben des Individuums nach Vollkommenheit mit der Beförderung der Vollkommenheit der Menschheit vermittelt (Philosophie der Physiologie, SW V/251). Schiller unternimmt allerdings in der Geschichte nicht den Versuch, die Bedürfnisse Wolfs anthropologisch zu begründen oder zu erklären. Er nennt sie als Merkmale der Persönlichkeit, führt ihre Bedeutsamkeit am Schicksal Wolfs vor. Eine Erklärung liefert erst der Rückbezug auf das Menschenbild Schillers und der Aufklärung (vgl. Kapitel 1.2).

Aus dem Negieren von Wolfs Assoziationsbedürfnis, zunächst dergestalt, daß das Herz Hannchens »seinen Beteurungen verschlossen blieb« (7), entwickelt sich die Dynamik der Geschichte. In diesem Prozeß machen sich weitere subjektive Dispositionen Wolfs geltend.

Wolf ist von Geburt an hinsichtlich seines Äußeren benachteiligt:

»Eine kleine unscheinbare Figur, krauses Haar von einer unangenehmen Schwärze, eine plattgedrückte Nase und eine geschwollene Oberlippe, welche noch überdies durch den Schlag eines Pferdes aus ihrer Richtung gewichen war, gab seinem Anblick eine Widrigkeit, welche alle Weiber von ihm zurückscheuchte und dem Witz seiner Kameraden eine reichliche Nahrung bot.« (6)

Was seinen Charakter angeht, so ist er »weichlich« (7; vgl. 8), zugleich »stolz«, »bequem« und »unwissend« (7 f.). Diese Charakterzüge sind nicht zufällig und nicht angeboren. Dies legen die wenigen Sätze über Wolfs Kindheit nahe, in denen sich für jede dieser Eigenschaften eine jenseits der Person liegende Ursache findet. Die Weichlichkeit rührt offenbar von der Dominanz der Mutter her, denn der Vater ist früh gestorben. Letzteres motiviert, daß Christian in der Wirtschaft mithilft. Damit hat er Anteil an einer Existenzform, die durch bürgerliche Freiheit von der Abhängigkeit des Bauern abgehoben ist; dies begründet Wolfs ständischen Stolz und Hochmut. Mitzudenken ist, daß er keine Berufs- oder höhere Schulbildung genießt, also unwissend bleibt. Der Umstand, daß die Wirtschaft schlecht geht, verursacht ihm »müßige Stunden« (6): dieser Mangel an sinnvoller Tätigkeit – und anders läßt sich ›Muße‹ zeitgenössisch nicht verstehen (vgl. Martens 1968, S. 318) – ist für seine Bequemlichkeit verantwortlich. Darüber hinaus erklärt sich so, daß Wolf nur über wenig Geld verfügt.

Diese Korrespondenzen sind wohlgemerkt keine Projektionen des späten, sozialisationstheoretisch aufgeklärten Interpreten. Sie aufzuzeigen liegt – dem Programm der Einleitung folgend – in der Intention des Erzählers. Und wie der Erzähler die Charaktereigenschaften nach ihren Ursachen hin auflöst, bündelt er sie zugleich unter dem Gesichtspunkt der weiteren Entwicklung; denn all diese charakterlichen und sozialen Voraussetzungen Wolfs werden zu Gründen dafür, daß er zur Wilddieberei gelangt und keinen anderen Gelderwerb ergreift, ja ergreifen kann.

4.1.2 Konfliktverlauf: Strafe, Ehrlosigkeit und Verbrechen

Was das von Wolf übertretene Gesetz betrifft, so verzichtet der Erzähler auf eine moralische Akzentuierung; indem er von einem »Ausweg« redet, der darin besteht, »honett zu stehlen« (7), knüpft er an verbreitete zeitgenössische Wertungen an, denen das Jagdverbot obsolet erscheint und die Wilddieberei demnach nicht als verbrecherisch. Auf derselben Ebene bewegt sich die Qualifizierung als Tat eines »Unbesonnenen« (7) – man beachte das Wortspiel! –, also lediglich als unkluge Handlung.

Bereits die erste Bestrafung verschärft das Widerspruchsverhältnis Wolfs gegenüber seiner Umwelt. »Drückendes Gefühl des Mangels gesellte sich zu beleidigtem Stolze, Not und Eifersucht stürmten vereinigt auf seine Empfindlichkeit ein, der Hunger treibt ihn hinaus in die weite Welt, Rache und Leidenschaft halten ihn fest.« (8) Die Verschärfung betrifft also einerseits Wolfs materielle Bedürftigkeit, denn der ›Mangel‹ ist durch die Geldstrafe bis hin zur ›Not‹ und zum ›Hunger‹ gesteigert worden.

Sie betrifft andererseits seine emotionale Disposition: daß er Hannchen verloren hat, verletzt seinen Stolz, und dies ruft Eifersucht hervor, die sich in erhöhter Leidenschaft für das Mädchen und in Rachegefühlen gegenüber dem Konkurrenten äußert. Das gesteigerte Assoziationsbedürfnis hat aus sich heraus ein Destruktionsbedürfnis – zunächst gegenüber Robert – hervorgetrieben. Die weitere Verschärfung des Widerspruchsverhältnisses nimmt also ihren Ausgang von seiten der subjektiven Disposition Wolfs; ihr notwendiger Ausdruck ist der erneute Wilddiebstahl.

Nach der zweiten Bestrafung macht sich die Ablehnung Wolfs durch die Stadtgesellschaft verschärfend geltend. Wolfs Assoziationsbedürfnis hat eine weitere Steigerung erfahren (»Leidenschaft« und »Trotz« [8]), doch sein Standesstolz und seine Weichlichkeit sind unter der Erfahrung des Zuchthauses gewichen. Wolf wäre bereit, sein Auskommen mit Lohnarbeit zu verdienen. Doch er findet keine Arbeit, weder als Tagelöhner – weil er eine schwache Konstitution hat – noch als Schweinehirt – weil er als »Taugenichts« (8) gilt. Dieses Urteil gründet in dem Sachverhalt, daß Wolf durch seinen Lebenswandel bislang demonstriert hat, er eigne sich nicht zu verläßlicher Arbeit: er taugt nicht zu der Aufgabe, für die er sich anbietet. (Spekulativ erscheinen die Erklärungen des Verdikts durch den Sachverhalt, daß er unfähig gewesen sei, sich nicht erwischen zu lassen, oder durch die Tatsache seiner »Berührung mit der Justiz« [Bennholdt-Thomsen/Guzzoni 1979, S. 130 und 132]). So wird er wiederum in die Wilddieberei getrieben, weil ihm die Hilfe seiner Umwelt, auf die er nun verstärkt angewiesen ist, versagt bleibt.

Im Anschluß an die dritte Verhaftung ist es die Justiz, von der die nächste und entscheidende Verschärfung des Widerspruchsverhältnisses ausgeht, die Wolf um seine Ehre bringt und ihm die Grundlage seiner Existenz entzieht, und zwar materiell wie hinsichtlich seiner sozialen Geltung. Der Erzähler hebt dies deutlich hervor, und er steht nicht an, dem Justizhandeln über die mechanische Konsequenz, der es folgt, schuldhaften Charakter zuzuweisen: »Die Richter sahen in das Buch der Gesetze, aber nicht *einer* in die Gemütsverfassung des Beklagten.« (8) Die Richter hätten also anders handeln können und müssen – wenn sie die Täterpersönlichkeit berücksichtigt hätten. Diese Bewertung wird nachdrücklich unterstrichen durch die Motivierung des gegenteiligen Handelns der Justiz: »Das Mandat gegen die Wilddiebe bedurfte einer solennen und exemplarischen Genugtuung [...].« (8 f.) Die sarkastische Ironie im Gebrauch des herrschaftlichen Vokabulars ist unüberhörbar.

Dreifach hat sich also das Widerspruchsverhältnis Wolfs gegenüber seiner Umwelt gesteigert. Die Verschärfung erfolgt zunächst von der subjektiven Disposition Wolfs her, dann von der Ablehnung durch die Umwelt und schließlich durch das Handeln der Justiz. Das ist ein Konfliktverlauf, der die bürgerliche Existenz Wolfs durch die Vernichtung seiner Ehre zerstört, ein Konfliktverlauf, der auf seiten Wolfs seine Ursachen in dem Bedürfnis nach Assoziation hat, der seine Konsequenz aber erst durch die vom Handeln Wolfs nicht oder nicht durchweg verantworteten Aktionen der Umwelt (städtische Gemeinschaft und staatliche Justiz) erhält.

Die Entwicklung von Wolfs Persönlichkeit in der Periode seiner Festungshaft und seiner Räuberexistenz ist dadurch geprägt, daß er sich an den Zustand der Ehrlosigkeit anzupassen und aus ihm heraus zu handeln sucht. Seine Grundbedürfnisse bleiben sich im Kern gleich, aber sie äußern sich – von den Umständen überformt – auf entschieden andere Weise. War er zuvor ein »Verirrter«, so wird er jetzt ein »Lotterbube« (9); hier erfolgt zum ersten Mal eine moralische Wertung. Später bringt Wolf sein verändertes moralisches Weltverhältnis auf den Begriff, wenn er sagt:

»Es war die letzte Ausflucht, die mir übrig war, die Ehre entbehren zu lernen, weil ich an keine mehr Anspruch machen durfte. Hätten meine Eitelkeit und mein Stolz meine Erniedrigung erlebt, so hätte ich mich selber entleiben müssen.« (12)

Das veränderte, ja verkehrte Verhältnis zu seiner Ehre ist also Ausdruck seines weiterbestehenden Lebenswillens, welcher aber gebunden ist an die Selbstachtung, nachdem die gesellschaftliche Achtung, die Ehre, verlorengegangen ist.

Dieser Persönlichkeitszustand ist zwar im Festungsurteil virtuell enthalten, er bedarf allerdings noch der konkreten Herausbildung im Verlauf der dreijährigen Festungshaft. Am Ausgang dieses Prozesses steht ein ehrloser, aber nicht demoralisierter Mensch. Seine Moral macht sich geltend in dem »Stolz« (9), der sich unter der Schande krümmt. Sein Stolz wiederum ist Ausdruck seines noch nicht durchgehend negativen und frustrierten Weltverhältnisses: »Ich hatte noch etwas gehabt, das mir teuer war [...]« (9). Er spricht noch von Gott, er empfindet Scham, er scheut die Pläne der Verbrecher. Diese Gefühle werden auf der Festung ausgerottet, und zwar zugunsten der Verwirklichung des elementaren Assoziationsbedürfnisses unter den Bedingungen der Haft: »ich brauchte ein Geschöpf, [...] ich brauchte Beistand, [...] ich brauchte Bedaurung [...]« (9). Dieses Bedürfnis zwingt ihn, seine moralischen Residuen weitgehend abzutun – »den letzten Überrest meines Gewissens« (9) – und die vorbehaltlose Gemeinschaft mit den Verbrechern zu suchen. »So gewöhnte ich mich endlich an das Abscheulichste, und im letzten Vierteljahr hatte ich meine Lehrmeister übertroffen.« (9)

Wie wichtig Schiller dieses Assoziationsbedürfnis in dieser Form nimmt, zeigt sich in dem Umstand, daß er, um seinen Helden auf dem eingeschlagenen Wege konsequent voranzutreiben, ihn jeglicher potentieller Gegengewichte beraubt: Tod der Mutter, Ablehnung durch die städtische Gemeinschaft, Verlust der Geliebten.

Indem Christian Wolf seine Ehrlosigkeit akzeptiert, entwickelt er ein neues *Selbstbild*, aus dem sich – auf alter Grundlage – neue Handlungsmotivationen entwickeln: das Bedürfnis, *die Gesellschaft zu destruieren*, welches sich zugleich als Bedürfnis der *Selbstdestruktion* erweist. Nichtsdestoweniger bleiben Reste der *alten Moralkonstitution* erhalten, Voraussetzung dafür, daß der Mord für den Mörder zum moralischen Problem wird und Ansatzpunkt für seine spätere Besserung.

Sein neues Selbstbild formuliert Wolf mit den Worten: »Ich betrachtete mich als den Märtyrer des natürlichen Rechts und als ein Schlachtopfer der Gesetze«. (10) Dieses Gegensatzverhältnis bezieht sich aber nicht nur auf die staatliche Verfassung der Umwelt, sondern auf die Menschheit schlechthin. »Alle Menschen hatten mich beleidigt, denn alle waren besser und glücklicher als ich.« (9 f.) Er fühlt sich aufgerufen, seine Existenzform zu legitimieren, indem er zynisch der Gesellschaft gegenüber dem Begriff entsprechend auftritt, der ihm von ihr aufgezwungen worden ist:»ehemals hatte ich aus *Notwendigkeit* und *Leichtsinn* gesündigt, jetzt tat ich's aus freier Wahl zu meinem Vergnügen.« (12) Er will beweisen, daß es nichts»Schlechteres als mich unter dem Himmel gebe« (14).»Die ganze Welt stand mir offen, ich hätte vielleicht in einer fremden Provinz für einen ehrlichen Mann gegolten, aber ich hatte den Mut verloren, es auch nur zu scheinen.« (12) Das Handlungsbedürfnis, das sich aus diesem Selbstbild ergibt, ist die Destruktion der feindlichen Umwelt. Christian Wolf lechzt»nach Rache« (9). Diese Rache richtet sich nicht nur gegen Robert, auch wenn er diesen»am gräßlichsten haßte« (13); nicht allein gegen den Fürsten, auch wenn er sich bemüht,»das fürstliche Edikt zu verhöhnen« (12). Er gelobt vielmehr»unversöhnlichen, glühenden Haß allem, was dem Menschen gleicht« (10), er will ganz allgemein»Böses tun« (12). Es geht ihm darum, die Gesetze zu verletzen, weil er meint, diese»wären Wohltaten für die Welt« (12).

Doch der Destruktionszwang begreift die eigene Person ein, wie schon in dem doppeldeutigen Haßgelöbnis gegen alles,»was dem Menschen gleicht« (10), anklang. Er»dürstete jetzt ebenso sehr nach neuer Erniedrigung«, als er vordem »davor gezittert hatte« (10), er will sein»Schicksal verdienen« (12).

Nichtsdestoweniger wird durch diese Entwicklung die ursprüngliche moralische Struktur nicht sofort und gänzlich außer Kraft gesetzt. Ihre Residuen bilden vielmehr den Anknüpfungspunkt für die spätere Umkehr. In dem Vorfall mit dem Knaben wird das nach wie vor bestehende positive Interesse Wolfs an seinen Mitmenschen deutlich. Die Abweisung, die er erfährt, macht ihm – gegen den unmittelbaren Anlaß, denn es ist ja offenbar nur der Bart, der den Jungen erschreckt – in diesem Moment erschreckend und schmerzhaft seine Un-Menschlichkeit bewußt. (11)

Auch in der Begegnung mit Hannchen macht sich – auf paradoxe Weise – das Bedürfnis geltend, gut zu sein, sprich: es tut ihm wohl,»daß noch *ein* Geschöpf unter mir war im Rang der Lebendigen« (11 f.).

Noch während der Augenblicke vor dem Mord widerstreiten in Christian Wolf der Drang nach»Rache« und die Hemmung durch das»Gewissen« (14). Das Rachebedürfnis gewinnt mit unaufhaltsamer Konsequenz die Oberhand, weil Robert nicht nur der erfolgreiche Konkurrent ist, den Wolf»unter allen lebendigen Dingen am gräßlichsten haßte« (13), sondern weil er als Bild steht für»die ganze Welt« (13) und ihre Schuld am Schicksal Wolfs, so daß – wie Wolf sagt – »der Haß meines ganzen Lebens« (13) auf die Tat zudrängt. Doch unmittelbar nach dem Mord macht sich das Gewissen entschiedener geltend, indem Wolf, die Tat reflektierend, sich selbst als»Mörder« (14) benennt.

In dem Mord vollendet sich die Dialektik von subjektivem Trieb und gesellschaftlicher Repression, doch zugleich macht sich hier erstmals eine neue Instanz geltend, der Wolf objekthaft ausgeliefert ist:»Eine unsichtbare fürchterliche Hand schwebte über mir.« (13) Das»Schicksal«, das hier als handlungsgestaltend berufen wird, mag zwar zunächst noch als bildliche Komprimierung besagter Dialektik begriffen werden, doch später wird sich zeigen, daß es durchaus mehr ist als dies, eine negative Macht eigener Qualität. Die Persönlichkeitsentwicklung des Helden bewegt sich von nun an auf Bahnen, die durch die zuvor angelegten Widerspruchsverhältnisse nicht hinlänglich bestimmt sind. Anders gesagt: Schillers Geschichte greift nunmehr partiell über vom Bereich empirisch-mechanischer Psychologie in den Bereich der Metaphysik und des Mysteriums. »Es fing mir an seltsam zu werden.« (14) Mit dem Mord an seinem Widersacher stürzt Wolf in eine tiefe Krise. Er ist zu dem Verbrecher geworden, der er zuvor noch nicht gewesen war. In den Minuten und Stunden nach der Tat finden wir ihn hin- und hergerissen zwischen unterschiedlichen, ja gegensätzlichen Dispositionen. Er gelangt zu der Einsicht, daß er mit dieser Tat, der bislang kein Äquivalent in der Haltung der Gesellschaft seiner Person gegenüber entsprochen hat, sich selbst moralisch liquidiert hat: »jetzt fing ich an zu mutmaßen, daß ich vor einer Stunde wohl gar zu beneiden war« (14). Die moralische Legitimation seines bisherigen destruktiven Verhaltens als Aufbegehren des Opfers hat sich ihm in nichts aufgelöst. »Ich konnte nichts mehr von alle dem hervorrufen, was mich vor einer Viertelstunde zum Rasen gebracht hatte.« (14)

Trotzdem hängt er am Leben, fürchtet sich zunächst vor allem vor der weltlichen Gerichtsbarkeit, sinnt auf die Gewährleistung seiner Sicherheit, ja besteht aus »Trotz« (15) auf dem öffentlichen Anspruch, zwar der »Feind« des Erschossenen zu sein, nicht aber sein »Räuber«. Doch nun machen sich zunehmend Gedanken an Strafen des Himmels und der Hölle geltend, die »Gewissensangst«.

»Zwischen einem Leben voll rastloser Todesfurcht und einer gewaltsamen Entleibung war mir jetzt eine schreckliche Wahl gelassen, und ich *mußte* wählen. Ich hatte das Herz nicht, durch Selbstmord aus der Welt zu gehen, und entsetzte mich vor der Aussicht, darin zu bleiben.« (15)

Die Lösung dieses Widerspruchs findet sich zunächst im Anschluß an die Räuberbande; hier wird die Gewissensangst ruhiggestellt. Festzuhalten ist allerdings, daß Wolf durch den Mord nicht unmittelbar der Räuberbande in die Arme getrieben wird. Die Bande wird nicht – wie es erzählerisch möglich, von zeitgenössicher Erfahrung her legitimierbar gewesen wäre – als die dem Sicherheits- und Überlebensanspruch des Verfemten angemessene Auffangstation eingeführt. Vielmehr bringt der Mord den Mörder erst in eine Disposition, aus der heraus er das Opfer der Räuberbande werden kann. Und ihr Opfer wird er in der Tat in zweifachem Sinn: die ihm begegnende Räubergestalt zwingt ihn mit sinnlichen und übersinnlichen Mitteln zum Anschluß an die räuberische Gemeinschaft, und am Ende findet er sich von den Erwartungen getrogen. Deutlich wird der Räuber als Teufelsgestalt konturiert, offenkundig sind die Parallelen zwischen dem Abgrund, in den Christian Wolf hinabsteigt, und der Hölle.

Nichtsdestoweniger sind es elementare Bedürfnisse, die ihn schließlich dazu veranlassen, auf das Angebot der Bande einzugehen. Vom Ende her gesehen – aus der Perspektive der getäuschten Erwartungen – sind es die Erwartungen des »Überflusses« und der »brüderlichen Eintracht«, die ihn überzeugen und das Gewissen verstummen lassen (23). Am Anfang war es darüber hinaus die Aussicht auf »Ehre« und »Wollust« (21), die ihn zu seinem Entschluß bestimmte.

Mit der Aufnahme in die Räuberbande scheinen also die Bedürfnisse, um deren Befriedigung Christian Wolf bislang immer gebracht worden ist und die zu erlangen ihn aus der Gesellschaft hinausgetrieben hat, verwirklicht werden zu können. Die Bande scheint das Bild funktionierender Sozialbeziehungen und Bedürfnisverwirklichung zu bieten, und dies in einem Maße, das den bisherigen Mangel nicht nur kompensiert, sondern einen utopischen Überschuß verspricht. Doch die »glänzenden Erwartungen« erfüllen sich nicht. Ehre und Wollust scheinen Christian Wolf zwar zuteil geworden zu sein. Aber der »Überfluß« erweist sich als »Hunger und Mangel« (23) und »Neid, Argwohn und Eifersucht« als Kern der »brüderlichen Eintracht«.

Mit der Räuberei findet die Persönlichkeitsentwicklung Christian Wolfs, wie sie im Titel der Erzählung angekündigt ist, ihren Abschluß: der soziale und moralische Niedergang ist vollendet. Zugleich geschieht mit Wolf etwas, das eine neue, völlig gegenläufige Entwicklung seiner Persönlichkeit in Gang setzt und völlig neue Bedürfnisse freisetzt. Es widerfährt ihm etwas, das ihn instand setzt, Subjekt seiner Lebensgeschichte zu werden. Was widerfährt ihm? Darüber wird noch zu sprechen sein.

4.1.3 Mißverständnisse

Mit der Entwicklung Christian Wolfs zum Mörder und Räuber ist nicht das Ganze der Geschichte erfaßt. Aber davon, inwieweit diese Zusammenhänge unverkürzt und textgetreu erfaßt werden, hängt auf das Entschiedenste das mögliche Verstehen des Ganzen ab.

Es gibt viele Möglichkeiten, diesen Teil falsch zu verstehen, Möglichkeiten, die weidlich genutzt worden sind, sei es aus Blindheit, sei es aus dem Bedürfnis, die Geschichte für einen heteronomen ideologischen Sinn in Beschlag zu nehmen. Zunächst einige Fehlurteile, die die Ursache des Verbrechens im Helden suchen. Doppler konstatiert: »Christian Wolfs Verbrechertum ist [...] bereits in Gestalt und Aussehen angelegt [...].« Dies entspreche Schillers mechanischer Auffassung, gemäß welcher »körperliche Erscheinungen sich in entsprechenden Handlungen und Affekten widerspiegeln« (Doppler 1968, S. 52 f.). Das ist Unsinn. Auf Schillers Haltung zur Physiognomik sind wir bereits eingegangen (s. Kap. 1. 2.), doch abgesehen davon: kann man Schiller im Ernst unterstellen, in einer untersetzten Statur und schwarzem Kraushaar wolle er die Anlage eines Menschen zum Mörder erkennen lassen? Falsch bleibt das Argument auch in seiner gemilderten Fassung: »die geburtbedingte Natürlichkeit« sei hier »erste Keimzelle« der späteren Verwicklung (Bennholdt-Thomsen/Guzzoni 1979, S. 122). Mag sein, aber es gilt festzuhalten, nur *eine* ›Keimzelle‹ von mehreren, und für sich genommen hätte sie nichts zu besagen.

Aber es gibt auch Versuche, in Christian Wolfs Anlage ursprüngliche moralische

Defizite zu konstatieren. Dabei wird auf seine Sinnlichkeit abgehoben: »Von vornherein besitzt der Sonnenwirt schlechte Eigenschaften: ›Wollust war meine wütendste Neigung.‹« (Riemann 1905, S. 540) Ein solches Verständnis basiert darauf, Sinnlichkeit aus der Perspektive eines asketischen Menschenbildes als Makel zu denunzieren. Schiller gibt im Text keine Hinweise, auf die sich ein solches Verständnis stützen könnte. Einen abschließenden Beweis dafür, daß es sich um ein Fehlverständnis handelt, hat bereits ein Blick auf Schillers oben dokumentiertes Menschenbild geliefert (s. Kap. 1. 2). Sinnlichkeit erweist sich hier als allgemeinmenschliche Qualität, die sich allerdings zur Liebe läutern muß.

Ein weiterer Fehler besteht darin, bei Christian Wolf ein Außenseitertum zu unterstellen, das vorab gegeben sei und nicht erst im Prozeß sich entwickle. »Christian Wolf ist von Beginn an der Vereinzelte, kontaktlos gegenüber seiner Umwelt, ohne eine Gemeinsamkeit der Liebe.« (Martini 1961, S. 136) Diese Aussage überhöht G. Kaiser noch weiter: »Die Gesellschaft stößt ihn also aus, doch wenn man tiefer blickt, erkennt man den Sonnenwirt von vornherein als Außenseiter der Gesellschaft« (Kaiser 1978, S. 52). Das stimmt aber nicht, denn er ist zunächst noch durchaus Spielgefährte und Anführer; daß er von den Mädchen abgelehnt wird, berechtigt nicht, in ihm den Außenseiter schlechthin zu sehen. Und daß er Sohn eines Wirts ist – so begründet Kaiser weiter seine These –, rückt ihn auch nicht in eine solche Position. Ein Impuls von dieser Seite kommt erst damit, daß die Wirtschaft schlecht geht, die ständische Position nicht gehalten werden kann.

Dem Versuch, die Bedeutung der Subjektivität Wolfs für seine Entwicklung zum Verbrecher überzubewerten, korrespondiert der Versuch, andere Elemente unterzubewerten. So betonen Bennholdt-Thomsen/Guzzoni (1979, S. 131) zwar einerseits richtig die Relevanz des Verhaltens der kleinstädtischen Umgebung, werten aber zugleich – unrichtig – die Bedeutung der familiären Sozialisation und des Justizhandelns ab. Dies mag dem Bemühen geschuldet sein, einen Hauptfaktor zu isolieren, aber diesen gibt es gerade nicht.

4.2 Umkehr: neue Sinnpotentiale (Teufelsbund, Nemesis, Gewissen)

Wir haben oben behauptet, die Überschrift der Geschichte hebe deren Kern hervor. Jetzt müssen wir konstatieren, daß dies nur zu einem Teil zutrifft. Die Überschrift deckt die Handlung genau genommen nur bis dorthin ab, wo Christian Wolf zum Mörder wird oder allenfalls bis hin zu seiner Zeit als Räuberführer. In diesen ersten Teilen der Geschichte hat Schiller in strikter Konsequenz einen Mechanismus vorgeführt, in dessen Räderwerk von – gesellschaftlich bestimmten – subjektiven Dispositionen und deren gesellschaftlicher Negierung sich eine Persönlichkeit entwickelt, die ihre Umwelt und sich selbst zu destruieren bereit ist, also zum »Verbrecher« wird. Das ist ein Versuch mechanisch-materialistischer Psychologie und zugleich ein Angriff auf die zeitgenössische Justiz. Worin sind die Ursachen für Christian Wolfs Schicksal zu suchen? Wer trägt die

Schuld? Es gibt keine einzelne Ursache, sondern ein Ursachenbündel, das sich in Form prozessierender und sich in diesem Prozeß verschärfender Widersprüche geltend macht. Als Anfangspunkte der Verkettung lassen sich herausfiltern: die Person Christian Wolfs – seine körperliche Benachteiligung; die familiäre Sozialisation – das Fehlen väterlicher Autorität, der Mangel an Bildung, der Müßiggang und der Standesstolz; die ablehnenden Reaktionen der Umwelt – insbesondere das Verhalten Hannchens; die Sanktionierung des Jagdverbots und die sinnwidrige Gestaltung des Strafvollzugs; das Handeln der Justiz – die dem staatlichen Sanktionsverlangen unbedingt nachkommt, ohne die Umstände des Täters zu berücksichtigen, die also die Billigkeit versagt.

Natürlich schlagen sich diese Umstände sukzessive in der Person Christian Wolfs nieder, bilden seine Persönlichkeit in negativem Sinne. Wolf ist keine strahlende Räubergestalt, sein Verbrechertum ist Resultat eines Desintegrations- und Verstümmelungsprozesses. Aber er ist nicht Verbrecher geworden, weil er Anlagen gehabt hätte, die ihn dazu bestimmt hätten. (Als für den Verlauf des Prozesses bestimmende Qualität bringt er zunächst nur seine Häßlichkeit ein, aber keine ursprünglich schlechten moralischen Qualitäten.) Und er ist nicht aus freier Entscheidung, durch Betätigung seines freien Willens, Verbrecher geworden. Das moralische Ergebnis wird vielmehr von vielen Umständen – und von all diesen Umständen nur aufgrund ihres spezifischen Zusammenspiels – hervorgebracht. Dies zu zeigen, darin besteht die psychologische Aufklärungsintention Schillers, und indem er dies aufzeigt, wird das Verhalten von Staat und Justiz in seinen Grundlagen in Frage gestellt; das ist die gesellschaftliche Aufklärungsintention.

Doch wenden wir uns dem weiteren Fortgang der Geschichte zu. Der Mechanismus der Bedürfnisunterdrückung als zunächst entscheidendes dynamisches Moment wird im weiteren von anderen Momenten überlagert. Der Fortgang der Geschichte wird einerseits von Faktoren bestimmt, die in der metaphysischen Kategorie des ›Schicksals‹ konvergieren, andererseits macht sich schließlich das ›Gewissen‹ Wolfs als entscheidende Ursache für die moralische Wende bemerkbar.

Zum ersten Mal deutet sich in der Mordszene eine übernatürliche Macht an, die das Handeln Wolfs bestimmt: »Eine unsichtbare fürchterliche Hand schwebte über mir, der Stundenweiser meines Schicksals zeigte unwiderruflich auf diese schwarze Minute.« (13) Dies wird noch deutlicher in der Begegnung mit dem Räuber. Unübersehbar sind hier die Parallelen zu Teufel und Hölle sowie zu Teufelsbundszenarien, vor allem an der Stelle, als Christian Wolf vor dem Abgrund fliehen will: »aber auf einmal donnert's in meinen Ohren, es umhallt mich wie Hohngelächter der Hölle: ›Was hat ein Mörder zu wagen?‹ – und mein Arm fällt gelähmt zurück« (20). Ähnlich bei der Flucht in die Sackgasse: »eine schwere Hand drückt unsichtbar gegen ihn, die Uhr seines Schicksals ist abgelaufen, die unerbittliche Nemesis hält ihren Schuldner an« (27).

In anderer Weise geht Schiller von seinem psychosozialen Mechanismus ab, wenn er Christian Wolf zum Objekt eines »Unterricht[s]« erklärt, den das »Laster« an ihm »vollendet« (23). Hier deutet sich ein teleologisches Moment an, das auf die schließliche Umkehr Wolfs vorausweist im Sinne nicht eines Resultats, sondern eines Zwecks.

Dieser Rückgriff Schillers auf ›höhere‹ Mächte ist indes wohl hinlänglich damit zu erklären, daß er die Dynamik der Bedürfnisnegation symbolisch zu verdichten sucht und dafür auf geläufige Topoi wie ›Uhr‹ – als Bild für den kausalen Zusammenhang –, ›Schicksal‹ und ›Nemesis‹ zurückgreift, auch damit, daß er – im Falle des Teufelsbunds – Gestaltungselemente der Unterhaltungsliteratur verwendet (s. Kap. 3.2.2). Diese Bilder betreffen also die literarische Oberflächenstruktur, nicht die Entwicklungslogik des Geschehens, wenn auch zu fragen ist, ob diese Metaphorik nicht etwas unglücklich gewählt ist, insofern sie von dem zentralen Vorgang ablenkt und das Verständnis letztlich eher erschwert, die Geschichte in gewisser Weise brüchig werden läßt. Indessen können wir nicht sehen, daß sich aus diesen vereinzelten Verweisen ein dem unseren konträres Verständnis gewinnen ließe, etwa im Sinne der Inszenierung des Schicksals von Christian Wolf als Spiel ›höherer‹ Mächte.

Anders ist dies, wenn man den gesamten Komplex der Umkehr Christian Wolfs betrachtet. Hier macht sich auf entscheidende Weise eine neue Kategorie bemerkbar: die des Gewissens. Wir haben oben (S. 48) gefragt, was Christian Wolf widerfährt, das ihn instand setzt, Subjekt seiner Lebensgeschichte zu werden. Es widerfährt ihm – »mit Schrecken« – die Erkenntnis, »wie abscheulich er hintergangen worden« (23), d. h. er erkennt den Widerspruch zwischen seinen Erwartungen und der Wirklichkeit der Räuberbande.

»Hunger und Mangel traten an die Stelle des Überflusses, womit man ihn eingeweigt hatte [...]. Das Schattenbild jener *brüderlichen* Eintracht verschwand; Neid, Argwohn und Eifersucht wüteten im Innern dieser verworfenen Bande.« (23)

Mit der Erkenntnis dieses Widerspruchs regt sich das Gewissen, das mit dem Eintritt in die Bande zum Verstummen gebracht worden war. Dies bringt ihn dazu, seinen Haß von der Menschheit auf sich selbst zu lenken und der Natur das, was sie an ihm angerichtet hat, zu vergeben. Noch weiter: der Haß und die Verzweiflung gehen in »Schwermut« über, und der Wunsch, die Vergangenheit »ganz anders« zu wiederholen, in die Hoffnung, daß er auch jetzt noch »rechtschaffen werden dürfe«. »Auf dem höchsten Gipfel seiner Verschlimmerung war er dem Guten näher, als er vielleicht vor seinem ersten Fehltritt gewesen war.« (23 f.) Als Ursache dieses Erkenntnis- und Veränderungsprozesses ist zunächst der »Schrecken« über die Verfassung der Räuberbande angegeben, danach Wolfs »natürlich guter Verstand« (23), also jenes positive Residuum, das wir im Vorhergehenden verschiedentlich konstatierten (vgl. Kap. 4. 1). Der kathartische Umschwung legt bei Christian Wolf neue Bedürfnisse frei. Im Brief an den Landesherrn werden sie deutlich. Die ihn bislang bestimmende Todesfurcht ist einer anderen Furcht gewichen, der, »zu sterben, ohne gelebt zu haben« (24). Was heißt ›leben‹ für Wolf? Es heißt Wiedergutmachung, Versöhnung des Staats, Betätigung von Rechtschaffenheit und Tugend, um dem Vaterland zu nützen.

Christian Wolf legitimiert sein Begehren, der Staat möge ihn durch den Erweis von »Gnade« bei diesem Versuch unterstützen, durch den Verweis auf die ehedem versagte Billigkeit. Er fordert also vom Staat in symmetrischer Weise eine Schuldanerkenntnis aufgrund dessen, daß er selbst Schuld anerkennt und seiner Umwelt – »der ganzen Natur« (23) – vergeben hat. Er bindet sich allerdings nicht an die Voraussetzung eines Gnadenerweises, sondern kündigt auch für den Fall, daß dieser versagt bleibt, an: »ich muß das Meinige tun« (25). Und dies tut er auch, indem er versucht, als Soldat Preußens im Siebenjährigen Krieg zu kämpfen, und indem er sich schließlich selbst ausliefert. (Schillers Vater hat übrigens auf der Gegenseite, als Verbündeter Frankreichs, an diesem Krieg teilgenommen. Es drückt sich hier also eine Wertung Schillers in bezug auf die ›richtige‹ Seite aus.)

Das Verhalten des Amtmanns veranlaßt Wolf, »aus freier Wahl« zum »Verräter« seiner selbst zu werden (30). Die unmittelbare Ursache hierzu deutet Schiller nur an: Wolf schließt aus der »Bescheidenheit« des Amtmanns, daß dieser ein »edler Mann« sei, der im Laufe seines Lebens »menschlicher worden« ist und demnach den Menschen, auch ihm – Christian Wolf – »Barmherzigkeit [...] nicht versagen« werde (29). Diesem Menschen – einen solchen hat er sich »längst [...] gewünscht« – bringt er »Vertrauen und Achtung« entgegen (29).

Der Amtmann ist also der erste Mensch, der auf Wolfs Assoziationsbedürfnis einzugehen scheint, und das bringt diesen dazu, sich mit dem Staat auszusöhnen. Die »Barmherzigkeit«, die er vom Amtmann unbedingt erwartet, ist ihm ein Versprechen, daß auch der Fürst ihm »gnädig« sein werde, ja er geht davon aus, daß der Fürst zu dieser Gnade verpflichtet ist, um sich die Gnade Gottes zu sichern (29 f.). (Allerdings ist die Stelle syntaktisch doppeldeutig: das »er« in der Fügung »wie *er* jetzt mir es sein wird« [30] könnte sich nicht nur auf den Fürsten, sondern auch auf Gott beziehen. Die Hervorhebung von ›er‹ und ›ihm‹, die sich im Erstdruck findet, bestätigt allerdings unsere Interpretation [vgl. Kap. 2, Anm. zu 30/3].)

Es hat sich mithin gezeigt, daß der psychisch-gesellschaftliche Kausalitätszusammenhang, der die Entwicklung Wolfs zum Verbrecher bestimmt hat, bei der Umkehr Wolfs durch einen gegenläufigen Wirkzusammenhang, das ›Gewissen‹, das Geltendmachen der zunächst zunehmend verschütteten Orientierung auf das moralisch Gute, konterkariert wird. Damit spiegelt der Verlauf der Geschichte einen Dualismus, der in Schillers Menschenbild angelegt ist und der sich später in dem Gegensatz von ›Pflicht‹ und ›Neigung‹ radikalisiert. Im *Verbrecher aus verlorener Ehre* erscheint dieser Dualismus noch gemäßigt; die spezifischen Brechungen und Vermittlungen sind zu berücksichtigen.

Das Gewissen ist bei Christian Wolf zunächst nur rudimentär ausgebildet, wird auch durch seine Erfahrungen weiter verstümmelt und unwirksam gemacht. Es besteht also nicht als fest umrissene Instanz, deren Gebote klar formuliert wären und lediglich vom Subjekt nicht befolgt würden. Vielmehr bedarf es zu seiner Herausbildung und seinem Wirksamwerden der konkreten Erfahrung, daß das Assoziationsbedürfnis im Leben der Räuberbande einmal mehr betrogen wird. Dies gibt Anlaß, die ›Neigungen‹ auf andere und schließlich moralisch gute Weise zu verfolgen.

Die Entwicklung Wolfs ist also nicht mit jenem tragischen Modell in Übereinstimmung zu bringen, das Schiller später in dem Aufsatz *Über den Grund des Vergnügens an tragischen Gegenständen* (1791) herausstellt:

»Reue, Selbstverdammung, selbst in ihrem höchsten Grad, in der Verzweiflung, sind moralisch erhaben, weil sie nimmermehr empfunden werden könnten, wenn nicht tief in der Brust des Verbrechers ein unbestechliches Gefühl für Recht und Unrecht wachte und seine Ansprüche selbst gegen das feurigste Interesse der Selbstliebe geltend machte.« (SW V/366 f.)

Wolf folgt dem Sittengesetz, aber weder er noch der Erzähler sehen eine Notwendigkeit, das »Interesse der Selbstliebe« aufzugeben. Das Sittengesetz ist ihm wichtig, aber eben nicht »wichtiger [...] als selbst der Preis des Verbrechens« (SW V/367), denn er hat ja von seinem Räuberleben keinen »Preis«, keine »Güter des Lebens« (SW V/367) davongetragen: er ist das betrogene Opfer.

Anders formuliert: der Entschluß, in den Krieg zu ziehen, verdankt sich, auch wenn der eigene Tod als Möglichkeit billigend in Kauf genommen wird, zunächst der Hoffnung auf ein erfülltes Leben: »schrecklich ist mir's zu sterben, ohne gelebt zu haben« (24). Und auch noch die Selbstauslieferung ist verbunden mit dem Wunsch nach Gnade als Bedingung der Wirksamkeit im Dienste des gemeinen Besten.

Indessen wird Christian Wolf die erhoffte Gnade versagt. Die Hinrichtung ist allerdings nicht die vom Erzähler oder von Wolf als notwendig erachtete tragische Konsequenz. Für Wolf haben wir es hier erwiesen, für den Erzähler geht es aus den Fragen hervor, die er zum Schluß der Einleitung gestellt hat (6).

Wolf jedenfalls hat sich als Subjekt seiner Geschichte bestätigt, er ist zu der »Willensfreiheit«, von der die Einleitung skeptisch sprach (3), vorgestoßen. Zu seinem Unglück sind der Amtmann und die Obrigkeit im allgemeinen nicht in der Lage bzw. nicht willens, auf diese Äußerung der moralischen Willensfreiheit angemessen einzugehen: Christian Wolfs Täuschung ist eine ums Ganze.

4.3 Größe und Grenzen des Menschenbildes

Das Bild vom Menschen, wie es in der Geschichte vom *Verbrecher aus verlorener Ehre* gestaltet vorliegt, ist durchaus typisch für die Ideenwelt des jungen Schiller (vgl. Kap. 1.2). Nichtsdestoweniger mag ein kurzer Rückblick auf die Entstehung der Geschichte noch einmal vor Augen führen, daß sich in dieser Gestaltung verschiedene, zum Teil auch fremde und äußerliche Bestimmungen geltend machen (vgl. Kap. 1.3).

Zunächst ist daran zu erinnern, daß Schiller, als er die Geschichte schrieb, dazu nicht – oder nicht nur – aus innerem Trieb veranlaßt wurde; er brauchte vielmehr eine Geschichte, um seine Zeitschrift zu füllen, und er brauchte eine bestimmte Geschichte, nämlich eine für die Rubrik »Gemälde merkwürdiger Menschen und Handlungen« (Ankündigung in der *Rheinischen Thalia*, SW V/857). Die Entscheidung für das Schicksal Friedrich Schwans kam seinem Anspruch entgegen, eine »wahre Geschichte« zu schreiben; zugleich enthob ihn diese Entscheidung – und dies mag dem unter Produktionszwang stehenden Herausgeber der *Thalia* kein nebensächliches Argument gewesen sein – der Aufgabe, die Geschichte von Anfang an, vom Entwurf der Fabel her, zu erarbeiten.

Er hat sich solchermaßen für einen Stoff entschieden, dessen Logik sich der philosophisch-literarischen Reflexion der Hochaufklärung geradezu aufdrängte; und er hat diesen Stoff in einer Form rezipiert, an der solch reflektierende Gestaltung – durch Abel – bereits vollzogen war. Indem sich Schiller auf ein philosophisch durchdrungenes Abbild der historischen Wirklichkeit als stoffliche Vorlage einließ, waren seiner auktorialen Verfügungsgewalt Grenzen gesetzt. Schiller teilte die moralphilosophischen Anschauungen Abels, um deretwillen dieser sich mit dem Schicksal Schwans befaßt hatte, im großen und ganzen: so war es ihm nicht darum zu tun, die Geschichte etwa auf ihren Handlungskern zurückzuführen und aus gegensätzlicher Weltsicht heraus neu zu konturieren im Sinne einer Kontrafaktur. Allerdings setzte er eigene Akzente.

Zunächst verändert Schiller die Geschichte, indem er sie literarisiert. In diesem Vorgang gewinnt das Bild vom Helden und von seinem Schicksal neue Bestimmtheit. So stellt Schiller Identifikationsmöglichkeiten für den Leser her, indem er die Ich-Perspektive einführt. In diese Richtung wirken auch Maßnahmen, die darauf zielen, den Handlungsablauf zu vereinfachen und die Persönlichkeit Wolfs stringenter zu motivieren. Wenn diese Maßnahmen als Kunstgriffe geplant gewesen sein sollten, so wirken sie sich doch sofort im Bild des Helden aus; dieses erfährt, vor allem durch das Weglassen nebensächlicher Vergehen, eine relative Idealisierung. Schiller ist deutlich bestrebt, seine Geschichte volkstümlich zu gestalten; er zielt zunächst auf höhere Anschaulichkeit – etwa in der szenischen Ausgestaltung einzelner Episoden –, aber auch auf die Ausgestaltung von Handlungselementen, die der zeitgenössischen Trivialliteratur korrespondieren: Teufelspakt und Höllenabgrund. Letzteres hat durchaus Rückwirkungen auf den konzeptionellen Zusammenhang des Ganzen, wird doch die Handlungsdynamik um ein drittes Element erweitert: zu den Strukturen der sozialpsychologischen Determiniertheit des Verbrechens einerseits und der gattungsbedingten Tendenz des Individuums zur Vollkommenheit tritt die Determinierung der Handlung durch überwirkliche Kräfte (ein Motiv, das sich mit dem Übrigen schwer verträgt [vgl. Kap. 3.2.2], zumal Schiller – im Gegensatz zu Abel – fast gänzlich auf die Jenseitsorientierung des Helden verzichtet).

Weitaus deutlicher als Abel arbeitet Schiller die justiz- und damit gesellschaftskritischen Aspekte der Handlung heraus. Voraussetzung hierfür ist – wie schon bemerkt – die stringentere Motivierung Wolfs aus dem Zustand des Mangels und der Bedürftigkeit heraus; vor allem aber wird der negativen Rolle von Justiz und Strafvollzug stärkere Aufmerksamkeit zuteil.

Zugleich behält er das Interesse, das Abel der Geschichte verliehen hat, bei, ja verstärkt es: die Idee der schließlichen Besserung und zwar auf der Grundlage eines extremen moralischen und sozialen Tiefpunkts: »Er hatte noch Verstand genug, das Elende seiner Lebensart einzusehen, und diese Einsicht wurde durch Unglück und Gewissensbisse geschärft.« (J. F. Abel 1787, zit. nach: Mahl 1983, S. 61 f.) Schiller verschärft dies, indem er die Besserung in Freiheit und durch eigene Tat gestaltet und indem er sie konsequent und ohne Rest als moralischen Umschwung zum Guten hin darstellt. Damit tritt der Bezug der Handlung auf die moralphilosophischen Anschauungen Fergusons noch deutlicher hervor als bei Abel.

Schiller hat somit eine Konstellation geschaffen, die sich auf folgenden Begriff bringen läßt: Christian Wolf ist von der Gesellschaft, insbesondere vom Staat und seiner Justiz, unterdrückt und zum Verbrecher gemacht worden, aber er läutert sich aus eigener Kraft und liefert sich diesem Staat aus, damit sich Gnade und Billigkeit bzw. Gerechtigkeit an ihm vollziehe. Damit hat Schiller die Gestalt Wolfs – im Gegensatz zu dem Friedrich Schwan Abels – zu einer moralischen Größe entwickelt, die gekennzeichnet ist zunächst durch die individuelle Überwindung der eigenen moralischen Unvollkommenheit und Verworfenheit, weiterhin durch das Faktum, daß sich diese Entwicklung als freie Tat des einzelnen gegen den gesellschaftlichen Konnex vollzieht, welcher ihn ursprünglich immer weiter von der richtigen Entfaltung seiner Anlagen entfernte und in die Ehrlosigkeit drängte; vor allem aber dadurch, daß er im höchsten Punkt seiner moralischen Selbstbesinnung durch diese den bürgerlichen Staat herausfordert, ihn durch die freie Tat – die Selbstauslieferung – auf den Prüfstand ruft: ob er denn dem Anspruch standhalte, den er an das Individuum stellt, ob er nämlich zu der Toleranz fähig sei, welche der Größe der Selbstauslieferung allein entsprechen könnte.

Der Schluß ist also bei Schiller durchaus anders akzentuiert als bei Abel. Die Selbstauslieferung zielt nicht auf ein Versöhnungsopfer, auf Resignation, auf die Vorbereitung auf das Jenseits, vielmehr auf menschlichen Umgang und nützliche Tätigkeit.

Der Staat, das ist schon zu Beginn der Geschichte gesetzt, wird diesem Anspruch nicht gerecht. Insofern siegt Christian Wolf, indem er stirbt; sein Tod ist ein Sinnzeichen für die Unvollkommenheit der Gesellschaft. Es ist aber ein Sieg nach Punkten.

Ein Sieg nach Punkten zunächst deshalb, weil sich die radikalen Implikationen der Schlußapotheose nur schwer erschließen. Das liegt daran, daß die moralisch-gesellschaftlichen Implikationen der Selbstauslieferung zwar präzise benannt, nicht aber durch eine ästhetische Gestaltung der gewandelten Persönlichkeit Wolfs anschaulich werden. Der Leser ist darauf verwiesen, die letzten Sätze Wolfs – sechs Zeilen – in ihrer ganzen Tragweite zu explizieren, und das kann er nur, wenn er sie präzise im Lichte des Briefs an den Landesherrn interpretiert. Der schließlichen Zuspitzung des Problems mangelt die sinnliche Konkretheit: Christian Wolfs psychische Dispositionen auf dem Weg ins Verbrechertum sind bei weitem konziser gestaltet, seine Wende ist vollständig nur einer begrifflich angestrengten Lektüre zugänglich.

Dieses Manko ist mit einem übergreifenden verknüpft. Der Selbstauslieferung mangelt es an tragischer Konsequenz. Die Herausforderung des Staats – so gravierend sie immer bei genauer Lektüre erscheint – ist eng benachbart einem quietistischen Gestus: wenn die Herausforderung ihr Ziel nicht erreicht, dann ist es halt um Wolf geschehen. Die Drohung, die in dem Verweis auf die für den Landesherrn und den Delinquenten gemeinsame Instanz – das göttliche Strafgericht und dessen Gnadendimension – liegt, bleibt schließlich leer, zumal Schiller im Vorherigen dieses Angewiesensein auf Gnade im Jenseits nicht gestaltet hat – in durchaus progressiver Absicht übrigens.

Die ›große Tat‹, die Wolf am Schluß vollbringt, spiegelt nicht zureichend die Schärfe des Problems. Er fordert den Staat heraus, aber die Form dieser Herausforderung ist doch schließlich die: sich einem Staat anvertrauen, der – die Jagdgesetze, der Zustand der Justiz und die Gnadenverweigerung zeigen dies – bekanntermaßen schlecht ist, und anvertrauen auf eine Weise, die als das gewöhnliche angepaßte, obrigkeitshörige ›Gut-sein-wollen‹ (miß)verstanden werden kann.

Der Grund hierfür ist zunächst darin zu sehen, daß Schiller von der durch Abel vermittelten historischen Wirklichkeit eine Verbrechergestalt übernimmt, die wesentlich durch Erleiden von Schicksal geprägt ist und kaum zum großen Täter taugt. Dieses Defizit auszugleichen, hätte bedeutet, die Geschichte vollständig von ihren authentischen Ursprüngen zu entfernen.

Ein weiterer Grund ist darin zu sehen, daß Schiller die rebellischen Möglichkeiten, die in Wolfs Räubertum liegen, nicht zu nutzen bereit war. Selbst die geringen Anknüpfungspunkte, die bei Abel für eine Gestaltung eines ›edlen Räubers‹ liegen, schlägt er aus. Man mag darin Mangel an revolutionärer Konsequenz sehen; naheliegender ist die Vermutung, daß sich das Räuberwesen nicht als Folie revolutionärer Infragestellung des bürgerlichen Staats eignete. Der Versuch, mit den *Räubern* das Gegenteil zu exemplifizieren, war doch durchaus im Widersprüchlichen befangen geblieben. Und im *Verbrecher aus verlorener Ehre* begegnet dieser Aspekt nurmehr als hohle Deklamation in der Rede der Räubergestalt.

Schillers Geschichte stellt sich so dar als die emphatische Frage nach dem, was den Menschen zum Menschen macht, gestellt unter dem negativen Vorzeichen, was ihn davon abhält, zum Menschen zu werden, und was ihn umbringt, wenn er es – individuell – dennoch schafft. Die Aporien, in die Christian Wolf gelangt, sind Ausdruck der antagonistischen Klassengesellschaft, die – in Deutschland – noch nicht die Kräfte und die Perspektiven einer wirklichen Überwindung der Widersprüche hervorgebracht hat. Die Frage: Warum endet die Geschichte so unbefriedigend? Warum kann Christian Wolf keine befriedigende Antwort finden? zielt also präzise auf den historischen Ort der Erzählung. (Daß an heutigem Ort gegebenenfalls nichts anderes herauskäme, macht die Sache nicht besser.)

4.4 Gegensätzliche Versuche der Aktualisierung

Schillers Geschichte vom *Verbrecher aus verlorener Ehre* war und ist kein kanonischer Text. Obwohl sich recht gegensätzliche Urteile über sie anführen lassen, sollte der Tatbestand nicht übersehen werden, daß sich zu keiner Zeit eine entschiedene Kontroverse bezüglich ihres ästhetischen Werts entfalten konnte. Ja, von einer deutlich konturierten Rezeptionsgeschichte kann eigentlich nicht die

Rede sein. Die Geschichte konnte sich am Rande der wechselnden Schiller-Begeisterung gerade eben in Erinnerung halten. Eine entschiedenere Beachtung ist ihr erst in den beiden letztvergangenen Jahrzehnten geschenkt worden.

Hans Mayer bemerkt zur Aufnahme der Schillerschen Prosa:

»Man hat sie lange als zufällige Nebenprodukte eines Schriftstellers betrachtet, der seiner Neigung und wohl auch Begabung nach vor allem Dramatiker war, philosophischer Lyriker und Theoretiker der Literatur, nicht eigentlich aber ein geborener Erzähler. Schiller selbst machte von seinen epischen Leistungen nicht viel Aufhebens, sie waren ihm Brotarbeit und journalistische Nebenleistung, die Tageserfolg haben und Geld einbringen sollten. [...] Da aber die Schiller-Forschung mehr als ein Jahrhundert lang die Maßstäbe ihrer Forschung in den Selbstaussagen und ästhetischen Theorien ihres Forschungsgegenstandes zu finden bemüht war, mußte sie – gemeinsam mit Schiller – diese wenigen Erzählungen und das Romanfragment als verhältnismäßig belanglos abtun.« (Mayer 1963, S. 147)

Mayer nennt als einen Grund die Orientierung an einer engen Gattungspoetik, der die Schillersche Prosa nicht entspricht. Als weiterer Grund ist sicher auch der lange bestehende Vorbehalt gegen die Aufklärung zu sehen, der Schillers Prosa deutlich verbunden ist.

Bereits die zeitgenössische Rezeption hält sich in engen Grenzen. Bekannt sind eigentlich nur die wenigen o. g. kurzen Rezensionen (s. Kap. 1.3); und bekannt ist weiter, daß Karl Philipp Moritz die Geschichte wegen ihrer Verwandtschaft mit seinem *Anton Reiser* geschätzt hat (Schiller an C. v. Beulwitz, 10. 12. 1788, und an Körner, 12. 12. 1788).

Man muß sich hierzu vor Augen führen, wie gering die Auflage der Erzählung zunächst blieb. Die dramatischen Bearbeitungen (vgl. u. Kap. 5) haben vielleicht den Titel der Geschichte popularisiert, sie haben nicht zur Verbreitung der Schillerschen Geschichte geführt. Der Literaturgeschichtsschreibung des 19. Jahrhunderts waren die Erzählungen nur »Zwischenarbeiten« (Hoffmeister 1858, Tl. 2, S. 8). Vilmar klammert die Prosa aus als »fast ganz dem Gebiete der Wissenschaft angehörig« (Vilmar 1907, S. 430).

Die Bearbeitungen des Stoffs nach der Mitte des 19. Jahrhunderts belegen ein Interesse an der Gestalt des Verbrechers Friedrich Schwan, nicht an der Gestaltung durch Schiller. Allein der Roman *Der Sonnenwirt* von Hermann Kurz (1854) hat in wenigen Jahren sicher mehr Leser erreicht als die Geschichte Schillers in den voraufgegangenen Jahrzehnten.

Um die Wende vom 19. zum 20. Jahrhundert häufen sich die Drucke der Geschichte (vgl. Stoeß 1913, S. 74). Zugleich wendet sich die positivistische Literaturwissenschaft verschiedentlich dem *Verbrecher aus verlorener Ehre* zu. Der Grund ist aber wohl weniger im Gegenstand zu suchen als in dem Vollständigkeitszwang der damaligen Germanistik. Immerhin führt die Beschäftigung mit dem Text zu kontroversen Urteilen. Minor nennt sie 1890 »ein meisterhaftes Seiten- und Gegenstück zu den Räubern« (1890, 2, S. 470). Riemann dagegen postuliert:

»Unbedeutend sind seine Erzählungen nicht, wenn es auch töricht wäre, sie prinzipiell höher einzuschätzen, weil sie von Schiller sind. Gegen Charakteristik, Aufbau und Dialog können mit vollem Rechte Einwände erhoben werden, die wohl den Schluß zulassen, daß ein geborener Dramatiker selten ein guter Romanschriftsteller sein wird. Dazu gehört eine behagliche Ruhe und eine Freude an äußerlichen Kleinigkeiten, die Schiller fehlten.« (Riemann 1905, S. 546)

Die philologischen Ergebnisse dieser Renaissance sind schätzenswert, die interpretatorischen Resultate bleiben gering.

Überraschend mutet vor diesem Hintergrund die Lobrede an, die Rudolf Borchardt der Schillerschen Prosa im Jahre 1920 widmet.

»Was nun entsteht, ist jene Reihe von Dramen, von Balladen, von Schriften in Prosa, die Sie alle kennen und die wenigstens in den Händen der Jugend nicht veralten dürften, denn nur an ihnen wird der Deutsche solange ein Deutsch geschrieben wird, lernen wie deutsch geschrieben werden muß, und hier lassen Sie mich eine kleine Exzeption zu jener Bemerkung über die Aufopferung von Schillers Stil an Goethe machen. Wenn auch die Form von Schillers Vers an Goethe geopfert wird [...], so bleibt doch Schillers Prosa der höchste Ausdruck des stilistischen Vermögens des deutschen *Dix-huitième*, und ist nicht am Stile Goethes entstanden, sondern ist die erste deutsche Kunstprosa die es gibt, die größte deutsche Kunstprosa die es gegeben hat, die reichste, weder überboten noch erreicht von irgendeiner die es nachher gegeben hat. Sie ist die erste und einzige, die den Bau der antiken Periode dem deutschen Sprachvermögen angleicht und es in den Stand setzt, eine Kunstprosa im Sinne der Periodisierung zu schreiben. Sie ist ciceronisch und lateinisch, nicht goethisch, sie ist als Sprachausdruck das höchste künstlerische Ereignis der deutschen Renaissance. Ungehemmt, unaufgehalten durch alle Bewegung die im siebzehnten und achtzehnten Jahrhundert den Weg der Deutschen zu queren versucht hatte, erreicht sie fast unmittelbar vor dem Ende aller Renaissance in Deutschland hierin wenigstens ihr Ziel.« (Borchardt 1955, S. 167)

So rätselhaft diese Eloge anmutet, so folgenlos scheint sie geblieben zu sein.

In den 20er Jahren sind in auffälliger Weise einige Psychologen, die den psychischen Mechanismus der Verbrechenskarriere Christian Wolfs ausdeuten und die Geschichte als Beleg für Theorien des abweichenden Verhaltens heranziehen (vgl. Stern 1928; Oppenheim 1928). So sehr diese Lektüren sich am Rande des literaturwissenschaftlichen Betriebs ansiedeln, so nehmen sie doch Interessen vorweg, die die Rezeption der Geschichte in den 70er Jahren kennzeichnen; doch wäre es vermessen, hier eine kontinuierliche Traditionslinie zu vermuten. Für beide Phänomene ausschlaggebend ist wohl eher eine sukzessive sich verstärkende allgemeinideologische Zuwendung zu Prozessen des abweichenden Verhaltens.

Als Stimulans einer neu einsetzenden Beschäftigung mit dem Schillerschen Text darf wohl die Edition der Erzählungen in der Nationalausgabe verstanden werden (1954). Mit einer Verzögerung, die in den Zeitumständen ihre Erklärung findet, kommt es jetzt zum ersten Mal zu einer kontinuierlichen – und kontroversen – Auseinandersetzung. Die Rezeptionsdokumente häufen sich seitdem bis in unsere unmittelbare Gegenwart hinein.

Das Interesse rührt zunächst offenbar von der Aufmerksamkeit auf Probleme des Erzählens her, von dem Bedürfnis etwa, Lücken in der Formgeschichte der deutschen Novelle zu schließen (von Wiese 1974 [[1] 1956]; Storz 1957 und 1959). Im

Zuge dieser Bemühungen, die Schillers Geschichte zunächst immer noch fremd gegenüberstehen, weil ein Begriff von der aufklärerischen Prosa aussteht, bietet sich der Text zugleich als Übungsmaterial an für die Extemporierung aktueller ideologischer Topoi an, etwa in den Arbeiten Martinis (1961) und Kaisers (1978). Die Arbeiten in dieser Tradition sind immer noch weitgehend unhistorisch akzentuiert; ihr Blickwinkel ist durch einen notorischen Anti-Soziologismus verengt. Dementsprechend vorsichtig fallen die ästhetischen Wertungen aus: die Beschäftigung mit der Geschichte schließt Vorbehalte nicht aus (Martini 1961, S. 125 f.). Diese Wiederentdeckung war allerdings die Voraussetzung für eine deutlich anders akzentuierte Rezeption des *Verbrechers aus verlorener Ehre* im Umkreis der Literaturdidaktik der 70er und 80er Jahre (Lecke 1975; Köpf 1978; Neis 1979; Rautenberg u. a. 1982; Bogdal 1986). Diesen Versuchen gemeinsam ist ein sozialhistorisches Interesse an der Geschichte, eine positive Anknüpfung an den Aufklärungstraditionen, Interesse an der Schillerschen Gesellschaftskritik und dem Außenseitertum Christian Wolfs. Am deutlichsten wird diese neue Sichtweise akzentuiert in den Arbeiten von K. Oettinger (1972), A. Bennholdt-Thomsen/A. Guzzoni (1979) und H. Kraft (1978). Diese Arbeiten, denen sich die vorliegende zuzugesellen versucht, bilden – zusammen mit dem philologischen Ertrag der älteren Arbeiten – ein Fundament, auf dessen Grundlage die angemessene historisierende Entzifferung der Aktualität und Fremdheit von Schillers Geschichte möglich erscheint.

4.4.1 Quietistische Ansätze

Fritz Martini hat in seiner Rede *Der Erzähler Friedrich Schiller* aus dem Jahre 1959 kluge und verständnisvolle Einsichten zum Prosawerk und insbesondere zum *Verbrecher aus verlorener Ehre* entwickelt. Dies betrifft Beobachtungen zur Erzählweise Schillers und ihrer Verankerung in der Tradition des 18. Jahrhunderts. Allerdings gelangt Martini schließlich zu Resultaten, die den unsrigen entscheidend widersprechen. Er projiziert dabei tragische Strukturen, die von der Freiheitsproblematik des einsam gesetzten Subjekts herrühren, in den Text und versucht das Schicksal Wolfs im Horizont eines christlichen Existentialismus zu deuten. Er kann dies nur tun, weil er den Bezug der Geschichte zur aufklärerischen Philosophie und Psychologie ebenso ignoriert wie die Stofftradition. In den Schlußsätzen wird Martinis Grundgedanke am deutlichsten.

»Die Paradoxie von Schillers Erzählung [...] lag darin, daß gerade der Verbrecher, an dem sichtbar wird, wie der Mißbrauch der Freiheit in die schuldvolle Verstrickung hineinzwingt, auf die verborgenen sittlichen Möglichkeiten zur gerechten Freiheit hinwies, die in jedem Menschen warten.« (Martini 1959, S. 142)

Diese Akzentuierung des Freiheitsbegriffs ist dem Schillerschen Denken jener Zeit fremd, und sie deckt keineswegs die Lage Christian Wolfs ab. Dies scheint noch in Martinis anfänglicher Feststellung auf: »Die Analyse richtet sich auf den inneren

Menschen, aber sie sieht ihn in dem dichten Bedingungszusammenhang der auf ihn einwirkenden Welt, in der er sich wie ein Gefangener bewegt, an die er gefesselt ist und die ihn in sich isoliert.« (ebd., S. 136)

Um die in dieser Feststellung liegende Wahrheit bringt sich Martini, indem er – gegen den Sinn der Geschichte – doch schließlich die Persönlichkeit Christian Wolfs verabsolutiert: »Vor dem Leser stellt sich die Psychologie einer in ihrer Anlage groß gearteten Seele dar, die in das Verbrechen getrieben wird, weil sie der Leidenschaft fähig ist. Es geht dem Erzähler um die inneren Bewegungen dieser Leidenschaft.« (ebd.)

Durch diese Akzentuierung lenkt er unversehens die Aufmerksamkeit von den die Dynamik der Geschichte bestimmenden äußeren gesellschaftlichen Faktoren ab. Martini verschweigt nicht, woher diese Tendenz rührt: es ist der prinzipielle Horror gegen jeglichen ›Soziologismus‹ und insbesondere gegen den Marxismus.

»Es hätte nahe gelegen, von dem Dichter der ›Räuber‹ eine Anklage gegen eine Gesellschaft zu erwarten, die einen Menschen schuldig werden läßt, weil sie unfähig ist, seiner Anlage, die gewiß auch Gewaltsames in sich birgt, einen freien Raum zu gönnen. Aber Schiller – man muß daran angesichts des jenseits unserer Zonengrenzen monoton propagierten Schiller-Bildes immer wieder erinnern – dachte und gestaltete nicht primär soziologisch; ihn fesselte die innere Struktur des Menschen, der ein Opfer der Gesellschaft werden mußte, weil er sich selbst nicht zu widerstehen vermochte, sich in seinen eigenen Verwirrungen verstrickte. Die Tragik des Sonnenwirts liegt in dieser Verstrickung in seine eigene Psychologie. Das soziologische Problem vertiefte sich damit zum Existenzproblem.« (ebd., S. 136 f.)

Damit wird Martini blind gegen die in der Schillerschen Geschichte aufgrund ihrer Verankerung in der empirisch-mechanischen Psychologie der Aufklärung obwaltenden Parallelen zu späteren sozialen Milieutheorien. Von daher ist es nur konsequent, Mord und Räuberei als Entscheidung aus »Freiheit« zu interpretieren, ohne der einleitenden Bemerkung Schillers zur eingeschränkten Geltung der »gewöhnlichen Willensfreiheit« zu gedenken. Nicht in dem Ehrverlust, den die Gesellschaft Christian Wolf zufügt, sieht er den entscheidenden Punkt – damit die Überschrift ignorierend –, sondern darin, daß Christian Wolf mit dem Mord »sich selbst die Ehre [nimmt]«.

»Die Welt hat den armen Wirtssohn Christian Wolf in eine isolierende Freiheit gestoßen; es ist – Schritt für Schritt wird dies verfolgt – eine Freiheit, in der er entweder aufbegehrend das Verbrecherische, oder demütig verzichtend das Gute wählen kann. Er wählt das Böse – zweimal, wie aus einem verblendenden Zwange: zuerst in dem Augenblick, in dem er an dem Jäger, seinem Rivalen und Denunzianten, den Mord begeht, der sogleich nach der Tat ihm selbst als grundlos erscheint und ihm erschreckend gewiß macht, er wisse nicht, warum er ihn gemordet. Und es ist der bald darauf folgende Augenblick, in dem er zum zweiten Mal, mit dem Anschluß an die Räuberbande, wie in eine Hölle hinabsteigt und damit sich, als der nicht nur durch die Welt, sondern seit dem sinnlosen Mord auch durch sich selbst Ausgestoßene, zu den Ausgestoßenen gesellt. Zweierlei zeigt hier Schillers typische Züge. Die Schuld entsteht in dem Augenblick, in dem der Mensch durch das entscheidende Handeln im Wirklichen seine Freiheit aufgibt, er also wählt und falsch wählt. Bisher war Wolf mit sich einig, und er konnte sich deshalb schuldlos, als ein ungerecht und übergebührlich Verurteilter fühlen, der das Recht zum Trotz gegen die Gesellschaft hatte. Seit dem Mord ist er aus der Einheit mit sich selbst verstoßen, ist er sich selbst zum Ankläger geworden und hat er der Welt das Recht zu seiner Verurteilung gegeben. Die Schuld hat ihre Wurzeln jetzt nicht mehr in den äußeren Bedingungen, sondern in der eigenen Entscheidung des Menschen.« (ebd., S. 138 f.)

Doch ist in der Geschichte in diesem Zusammenhang von ›Ehre‹ gerade nicht mehr die Rede, kann nicht mehr die Rede sein, weil Wolf eben bereits zuvor der Ehre verlustig gegangen ist und im Verzicht auf Ehre seinen Haß auf die Gesellschaft exekutiert.

Mit diesem Punkt hat sich Martini eine Begrifflichkeit geschaffen, die sich vom Sinn der Geschichte abhebt und in der er frei sein subjektives Philosophieren betätigen kann, den Stoff der Geschichte nur als beliebig funktionalisierbares Zitat verwendend. Um so deutlicher hebt sich jetzt das gedankliche Material ab, das er in die Geschichte hineinprojiziert, nämlich Theoreme eines damals populären christlichen Existenzialismus.

»In den beiden Entscheidungsaugenblicken – Mord und Anschluß an die Verbrecherbande – handelt der Sonnenwirt in Freiheit; sie wird jedesmal zur Freiheit in das Böse hinein. Er war nicht nur allein mit sich selbst in der Mordstunde; er ist auch allein in dieser buhlerischen und mörderischen Räuber-Gesellschaft. Einsamkeit und Freiheit werden identisch. Damit nähert sich das moralpsychologische Problem im ›Verbrecher aus verlorener Ehre‹ dem existentiellen Problem. Der durch das soziale Unrecht der Welt gewaltsam in Freiheit gesetzte Mensch hat die Möglichkeit zur unbeschränkten Wahl. Aber Schiller stellt dieser Willkür zum Unbegrenzten eine Gegenposition gegenüber. Sie liegt in dem Sonnenwirt als sein Gewissen. Sie liegt in der Wirklichkeit des göttlichen Gesetzes. Gott und das Gewissen – sie sind die Grenzen der Freiheit des Menschen. Damit deckt sich über das existentielle Problem in Christian Wolf ein theologisches Problem. Die Freiheit zum Verbrechen wird zu seinem Höllensturz. Als ihm seine falsche Wahl – der Mord, die Räuberbande – sein Hineintaumeln in das Nichts bloßgelegt hat, rafft sich der Sonnenwirt, ungenötigt, aus seiner freien Entscheidung, zur richtigen Wahl zusammen: sie bedeutet das Gericht, die Folter, den Tod und die Sühne. Er richtet sich, um bei Schillers Worten [...] zu bleiben, durch einen einzigen Willensakt zur ganzen Würde der Menschheit auf. Die Dialektik des hier umrissenen Lebenslaufes liegt darin, daß den Sonnenwirt diese Freiheit – als ein Heraustreten und ein Hinausgestoßen-Werden aus allen sozialen, rechtlichen und menschlichen Ordnungen – immer mehr, nicht nur gegenüber der Umwelt, sondern ebenso sich selbst gegenüber, in die Unfreiheit verstrickt. Bis er sich zu jener Gewissensentscheidung vor Gott befreit, die ihn zwar den Fesseln der Obrigkeit ausliefert, aber nun wirklich seine innere Befreiung bedeutet. In der Wiederherstellung des mit sich einigen Ich durch das freie Opfer des eigenen Lebens zeichnet sich in dieser Erzählung die für Schiller typische Grundstruktur des Tragischen ab.

Diese Problematik der menschlichen Freiheit zwischen der Verführung zum Abgrund und dem Ruf zu Gott, zwischen der mörderischen Nichtigkeit und der Erfüllung der von Gott gesetzten Gerechtigkeit – sie bedeutet die neue und kühne Wahrheit der hier gestalteten Erzählung. Diese Wahrheit vermag, so meint der Erzähler, zu einer Humanität zu verhelfen, die die Aufspaltung zwischen Herz und Gesellschaft, wie sie sich im Geschick dieses armen, gehetzten und sündigen Mannes vollzog, zurücknimmt [...].« (ebd., S. 140 f.)

Zwanzig Jahre nach Martinis Rede kommt Gerhard Kaiser auf deren Gedankengänge zurück. Und wiederum muß Schillers Geschichte dazu herhalten, aktuelle ideologische Kontroversen voranzutreiben:»manche moderne Gesellschaftskonzeption«– man darf raten, welche gemeint sei – mute platt an gegenüber der Schillerschen Konzeption, die weder»die Person auf ihre gesellschaftliche Rolle«noch »die Gesellschaft auf ihre Rolle für die Bildung des Individuums«reduziere:»Die Person muß vielmehr die Gesellschaft als Bedingungsrahmen überschreiten, damit die Gesellschaft in Richtung auf ihre eigene, die Menschen zusammenschließende Vollkommenheit in Gang gesetzt wird.«(Kaiser 1978, S. 58) Ist es das Wirken des sozialistischen Revolutionärs, das Kaiser hier postuliert? Ein Blick auf den Auftrag, den er dem Christian Wolf in den Mund legt, behebt solches Mißverständnis: Wolf soll nämlich für die»vollendete Humanität«zeugen, indem er angeblich»die Gerechtigkeit der Gesetze«, deren Opfer er wurde, nicht bestreitet, vielmehr versteht und sogar akzeptiert.

Wie kommt Kaiser zu dieser Auffassung? Zunächst muß er – an Martini sich anlehnend – das Gewicht auf das verantwortliche Handeln Wolfs verlagern:»Die Gesellschaft stößt ihn also aus, doch wenn man tiefer blickt, erkennt man den Sonnenwirt von vornherein als Außenseiter der Gesellschaft.«(ebd., S. 52) Dies wird belegt durch die Behauptung,»zunächst«und vor allem anderen sei Christian Wolf»von der Natur vernachlässigt«und er verhalte sich»falsch«(ebd., S. 54). Doch verlagert Kaiser hier wiederum – gegen den Wortlaut der Geschichte – die Akzente, indem er die geringfügige körperliche Besonderheit Wolfs als beherrschendes Moment der Entwicklung hervorhebt, und er erhebt ein Resultat, das Verhalten Wolfs, zu einem ursprünglichen Wirkungsfaktor. Wenn Kaiser zur Stützung seiner These die Rede des Erzählers vom»Laster«heranzieht, so sieht er von dem Kontext ab, der ja gerade auf die Frage nach der *Entstehung* des Lasters abhebt.

Damit ebnet Kaiser die Spannung der Geschichte ein, er vermindert die Verantwortung der Gesellschaft und hebt einseitig die schließliche Umkehr des Sonnenwirts hervor:»nun zeigt sich, daß nicht die Meinung der anderen, sondern das Gewissen die eigentliche soziale Instanz im Menschen ist«(ebd., S. 55). Das ›eigentlich‹ verwischt das Problem der Geschichte: es disqualifiziert den ersten Teil als ›uneigentlich‹, und es löscht aus, daß die Gewissensentscheidung Wolfs erheblich mit Gesellschaftlichem durchsetzt ist: mit der Hoffnung auf Gnade und Wirksamkeit; er liefert sich erst aus, als er auf einen Menschen trifft, der ihm Menschlichkeit in der Gesellschaft zu versprechen scheint.

Der Überbetonung der Willensfreiheit korrespondiert der Versuch, das Handeln der Justiz zu legitimieren. Wenn Kaiser postuliert, die Urteilssprüche seien»rechtens«gewesen (ebd.), dann mag das in positivistischem Sinne stimmen, doch damit stellt er sich gegen die expliziten Bewertungen durch Erzähler und Held; macht sich eine eigene Geschichte, die er der Schillerschen unterschiebt. Es stimmt ja ganz einfach nicht, daß Schiller mit seiner Fallbeschreibung nicht an»die staatlich verfaßte Ordnung«appelliere (ebd., S. 56). Ein Blick in die Einleitung lehrt das Gegenteil. Und es ist ein bemerkenswerter logischer Salto, wenn dem Sonnenwirt bzw. gar dem Leser die Schuld für das staatliche Handeln aufgelastet wird, weil beide unvollkommene Glieder eines unvollkommenen Staatswesens seien. Mit diesen Verkehrungen hat Kaiser die Voraussetzungen geschaffen, um seine Quintessenz zu ziehen:

»Gezeigt wird in einer dialektischen Aufhebung der These der Vorrede und der Überschrift, daß sich gerade im Sonnenwirt, in diesem Verbrecher, die moralische Substanz des Menschen, an welche die Vorrede appelliert, am reinsten darstellt und zwar eben dadurch, daß die Gesellschaft ihm die Billigkeit, die Anerkennung als Person streitig macht [...].« (ebd.)

Und vollständigkeitshalber wird noch behauptet, Christian Wolf sei mit all dem einverstanden: »er spricht von sich völlig distanziert und völlig sich durchschauend, weil er mit sich und der Welt im reinen ist – abgelöst von Hoffnungen, Befürchtungen und Leidenschaften« (ebd., S. 57). Das stimmt einfach nicht; denn in der Ich-Perspektive bringt Christian Wolf die glühendste Gesellschaftsanklage vor.

4.4.2 Literatursoziologische Rezeption

Doch auch auf Seiten derer, die offen sind für die Gesellschaftskritik der Geschichte und für die sozialen Aspekte ihrer Psychologie, finden sich unangemessene Verkürzungen. Die Sympathie mit Christian Wolf und das Interesse am Außenseiter führen in diesem Fall zu einer Aufwertung und ›Modernisierung‹ des Helden in einem Maße, das den von Schiller gesetzten Konturen nicht entspricht. So hat Herbert Kraft (1978) – zunächst richtig – die Justizkritik Schillers in den Vordergrund gerückt. Indem er sich aber mehr vom Jargon als von einer Analyse der Geschichte leiten läßt, wird ihm der Konflikt Wolfs mit der Gesellschaft unversehens zu einem Zeichen für die Unabgegoltenheit von Freiheit und Gleichheit in der bürgerlichen Gesellschaft schlechthin (Kraft 1978, S. 98). Dabei vergißt Kraft, daß Schiller nur begrenzte Aspekte dieser Widerspruchsstruktur gestalten kann, weil ihm ein Begriff von dem Ganzen des Widerspruchs durchaus fehlt. Kraft behauptet mehr, als daß er argumentiert – dies gestaltet den Einspruch schwierig. Die Kluft zwischen der herangetragenen Begrifflichkeit und dem Text wird immerhin ansatzweise deutlich, wenn Kraft sich mit der Tatsache herumschlägt, daß Christian Wolf schließlich keine reine Räubergestalt ist, sondern auch ein Mörder aus Eifersucht. Er zieht in Betracht, daß Schiller eben nicht das leuchtende Gegenbild zur Misere gestaltet, versucht aber diesen ihm als Mangel erscheinenden Umstand zu ›retten‹, indem er behauptet, Wolf spreche – wie immer ungenügend und anarchisch – durch den Mord Recht. Das entspricht indes in keiner Weise der Sicht des Autors und des Helden.
Kraft zieht sich schließlich auch wieder von dieser These zurück, um doch eher der Version eines inneren Bruchs den Vorzug zu geben; doch wenn er diesen Bruch als Signum der Abwehr vorschneller ästhetischer Harmonisierung der schlechten Wirklichkeit interpretiert, dann spricht er über die Sache hinweg; daß er dabei

zusammenhanglos Adornosche Gedankengänge bemüht, macht die Sache nicht besser. Ähnliches unterläuft in der Interpretation der Selbstauslieferung Wolfs. Diese wird richtig verstanden als Hoffnung auf Gnade, als Anspruch auf die Toleranz des Staats. Kraft überhöht diese Beziehung allerdings deutlich, wenn er die Nichtentsprechung interpretiert als Zeichen der allgemeinen Nicht-Identität von »Individuum und Gesellschaft« (ebd., S. 99). Solche Abstraktion löscht das historisch Bestimmte des Schillerschen Gesellschaftsverständnisses bis zur Unkenntlichkeit aus. Aus der richtigen Erkenntnis heraus, daß Schiller unabgegoltene Seiten der Widersprüche des bürgerlichen Zeitalters berührt, wird ihm umstandslos die Mission aufgetragen, diese Widersprüche auf einem begrifflichen Niveau durchgeführt zu haben, das eher das des gegenwärtigen Interpreten ist. Der Interpret interpretiert nicht mehr, sondern setzt sich an die Stelle des Stoffs.

5 Adaptionsgeschichte

Wenn die Geschichte vom *Verbrecher aus verlorener Ehre* über die Jahrzehnte hinweg eine doch ganz beträchtliche Reihe von Bearbeitungen gefunden hat, so darf dies nicht als Beleg verstanden werden, sie selbst sei massenhaft rezipiert worden. Auch sind wir nicht der Auffassung, über diese Bearbeitung sei ein zwingender Zugang zum Kern der Schillerschen Geschichte und zu ihrem ideologie- bzw. literargeschichtlichen Stellenwert zu finden. Wir teilen die äußeren Tatsachen der Adaptionsgeschichte dennoch mit, der Vollständigkeit halber und um einigen zu Fehlurteilen Anlaß gebenden Unklarheiten in der Forschung abzuhelfen, einer Forschung, die sich bislang stets auf unsicheren bibliographischen Grundlagen bewegt hat. (Am verläßlichsten sind immer noch die Arbeiten von W. Stoeß 1913 und W. Heynen 1913.) – Außerdem soll beispielhaft der Abstand der Bearbeitungen zu Schillers Erzählung verdeutlicht werden.

Daß der *Verbrecher aus verlorener Ehre* in einer Zeit, in der Räubergeschichten Konjunktur haben, als stoffliche Vorlage benutzt wird, ist nicht verwunderlich. Allerdings wird die Zahl der zunächst unternommenen Bearbeitungen – es sind in der Tat nur zwei – oft überschätzt. So verzeichnet H. Borcherdt (NA 16/407) zwei Sammlungen mit Räuberbiographien, die angeblich an Schiller anknüpfen, die aber in der Tat keine Berührungspunkte aufweisen: *Thaten und Feinheiten renomierter Kraft- und Kniffgenies* (1790/91) und *Geniestreiche, Abenteuer und Wagestückchen berüchtigter Schlauköpfe, Gauner und Beutelfeger* (1793). Der Irrtum ist offenbar durch J. Minor (1890, 2, S. 471) veranlaßt, und er findet sich immer wieder, so z. B. bei J. McCarthy (1979, S. 39 f. und 43).

Bei den zeitgenössischen Bearbeitungen handelt es sich um folgende Dramatisierungen: allerdings gibt es keinen Hinweis auf Aufführungen, und es kann auch nicht zwingend unterstellt werden, daß überhaupt eine Aufführung intendiert war, sind doch damals die Grenzen zwischen Drama und Dialog-Roman durchaus fließend.

(1) *Gottfried Immanuel Wenzel:* Verbrechen aus Infamie. Eine theatralische Menschenschilderung für Richter und Psichologen in drei Akten. In: Gottfried Immanuel Wenzels dramatische Werke. Zweiter Band. Prag 1788, S. 181 ff.
(Diese Angaben nach Stoeß 1913, S. 33. – Mir liegt ein Nachdruck ohne Verfasserangabe vor:)

(1a) Verbrechen aus Infamie. Eine theatralische Menschenschilderung für Richter und Psichologen in drey Aufzügen. In: Deutsche Schaubühne. Sechsten Jahrgangs Fünfter Band. Nach der Ordnung 65ster Band. Augsburg 1794, S. 1 – 78.
(Eine Inhaltsangabe findet sich bei Stoeß 1913, S. 33 – 37, eine Kritik bei Heynen 1913, S. 254 – 256.)

(2) *(Anonym:)* Der Sonnen-Wirth, ein Trauerspiel in fünf Aufzügen. Nach Schillers Geschichte: Der Verbrecher aus verlorner Ehre. Bremen. Bey Huntemann dem Jüngern. 1793.
(Diese Angaben nach Brandstätter 1984, S. 125. Mir liegt ein Nachdruck vor:)

(2a) (*Anonym:*) Der Sonnen-Wirth. Ein Trauerspiel in fünf Aufzügen. Nach Schillers
Geschichte: Der Verbrecher aus verlohrner Ehre. Frankfurt und Leipzig 1794.
(Zu überprüfen wäre, ob es sich bei der von Stoeß 1913, S.
37 zitierten Ausgabe – er hat
die gleichen Angaben, aber zusätzlich die Verlagsangabe „bey Johann Gottlob Pech" –
um einen weiteren oder um denselben Nachdruck handelt. Vgl. auch Brandstätter
1984, S. 125.)
(Eine Inhaltsangabe findet sich bei Stoeß 1913, S. 37 – 39, eine Kritik bei Heynen 1913,
S. 256 – 258.)

Der Bezug auf Schiller ist in der anonymen Bearbeitung bereits im Untertitel
offengelegt, aber auch Wenzel verweist auf die Quelle (Schaubühnen-Ausgabe
[1 a], S. 3).
Wenn Schiller auf den breiten Publikumsgeschmack spekuliert hat, so zeigt sich
bei einem Blick in die Bearbeitung Wenzels, daß er sich dennoch bei weitem nicht
in dem Maße, wie es möglich und marktgängig gewesen wäre, auf die Mechanik
der zeitgenössischen Trivialliteratur eingelassen hat. Wir haben, dies zu verdeutlichen, zwei Auszüge ausgewählt (s. S. 67-69).
Der erste Auszug – ein Monolog Wolfs – zeigt zunächst, daß Wenzel sich, wo
immer ihm dies möglich scheint, eng an den Text der Erzählung anlehnt. Weiter
wird deutlich, daß durch dieses Verfahren kein Drama entsteht, sondern hohle
Deklamation. Vor allem aber fällt auf, daß das Bild Wolfs sich stark verändert,
wenn selbstkritische Überlegungen, die dieser bei Schiller im nachhinein in bezug
auf sein Handeln anstellt, der Figur im vorhinein als bewußte Handlungsmotiva-
tion, als Bekenntnis zum Bösen, in den Mund gelegt werden. Wenzel überzieht
diesen Aspekt zudem, wenn er durch sich derb gebende Aussprüche – etwa am
Ende des Monologs – seiner Figur Kolorit zu verleihen sucht.
Mangelnde Konsequenz der Gestaltung wird sich am Text in mancherlei Hinsicht
feststellen lassen. Hier sei nur auf die Brüche in der Perspektivität verwiesen, die
sich zwischen Wolfs geradezu frohgemuten Absichtserklärungen, das ihm richtig
und notwendig erscheinende Böse zu tun, und der eingeschobenen Reflexion auf
das Erlebnis mit dem Knaben ergeben, in welcher sich das Bedürfnis geltend
macht, gut zu sein und als gut akzeptiert zu werden. Der Bruch entsteht dadurch,
daß das, was bei Schiller als Nacheinander erzählt wird, in eine einzelne Selbstbe-
trachtung zusammengezogen wird. Die Melancholie der Hamlet-Reminiszenz
verdoppelt den Bruch ein weiteres Mal.
Der zweite Auszug zeigt Wenzels Vorhaben, dem Publikum genüßliche Schauer
zu verschaffen, indem er das Räuberleben, wie er es versteht, breit und in schwär-
zesten Tinten ausmalt. Indem er so gängige Stereotype eines trivialen Räuberbilds
breittritt, vor allem die sexuelle Libertinage so plump wie aufdringlich akzentuiert, entsteht nur noch eine Karikatur auf das Gemeinwesen, das Wolf zeitweise als
Verwirklichung seiner Bedürfnisse erscheint. Die Selbstaussagen der Räuber ergeben keinen eigenen Sinn mehr. »Monopole schuf die Natur nicht. Wir dulden
keine. Sie gab dem Menschen, wie dem Thiere, Instinkte. Wir thun was diese
fodern.« Das ist das Urteil des erschreckten Bürgers über die Räuber, aber keine
aus der Perspektive der Räuber sinnvolle Aussage.

ZWEYTER AUFZUG.

ZWEYTER AUFTRITT.

WOLF *tritt aus einem dichten Gebüsche hervor.*
Genuß der Freyheit, und befriedigte Rachbegier, – wie viel liegt in diesen Worten nicht! Wie ganz fühlt sich der Mensch bey diesem Bewußtseyn! – – Unglückliche, die ihr beydes vermisset, warum tragt ihr des Lebens Bürde länger? Warum werfet ihr das Joch nicht von eurem Rücken, das nicht die Natur, das die Gesellschaft euch auflastete? Seht ihr denn nicht, daß in der Reihe der Dinge, das Leblose, wie das Belebte, nach Freyheit ringt, und jedem Zwange widersteht nach Kräften? Wohl mir! und abermal wohl mir! daß ichs fühle, daß ichs so lebendig fühle. – Frey lebe der Mensch, räche jede Beleidigung nach dem Maaße empfangener Kräfte, oder höre auf zu seyn! O! Wie oft rieb ich Zähne knirschend meine Ketten, wenn die Sonne so hinter meinem Festungsberge heraufstieg! – Der freye Zugwind, der durch die Luftlöcher meines Thurmes pfeifend wirbelte, und die Schwalbe, die sich auf dem rostigen Stabe meines Gitters niederließ, und nach Willkühr wieder davon flog, schienen mich mit ihrer Freyheit zu necken. Doch, necken will ich nun auch peinlich jedes Wesen, das mich irrt in meinem Benehmen! Necken will ich den Menschen; denn sein ganzes Geschlecht hat mich beleidigt! Nicht schonen will ich, was da athmet hienieden; denn alles Athmende ist besser und glücklicher als ich! – Der Knabe weis nicht, was Verbrechen ist, kennt des Lasters Inhalt nicht, und doch mied' er mich, wie einen wüthenden Hund! Bin ich denn irgendwo auf der Stirne gezeichnet? Oder habe ich aufgehört einem Menschen ähnlich zu sehen, weil ich fühle, daß ich keinen mehr lieben kann? Die Verachtung dieses Knaben schmerzt mich bitter, schmerzt mich bitterer, als der dreyjährige Galliottendienst; denn ich hatte ihm Gutes gethan! *(steht stille; schlägt sich nach einer Pause vor die Stirne, nimmt die Flinte von der Schulter, spannet den Hahn, und geht mit mordendem Blicke im Walde umher)* Ha! die Spur eines Hirschen! Stirb! denn ein lebendes Wesen bist du! *(gehet gleichsam der Fährte nach. In einem Dickicht seitwärts bewegt sich etwas. Ein Hut fällt heraus)* Was ist das? *(gehet näher)* Ein Schlafender. O, schliefe doch der Mensch sein ganzes Daseyn durch! Schlief er den Schlaf des Todes traumlos, ohne Bewußtseyn! sein Schicksal wär erträglich. Aber so ists nicht. Wir wachen, um zu leiden, schlafen, um zu träumen die Leiden des Lebens. – – Will Gutes an dir üben, armer Schläfer! Will zerreissen das Glied, das dich an die Schöpfung kettet! Will den Traum verscheuchen von deiner Seele *(tritt dem Schlafenden mit gespanntem Hahne nahe)* Himmel und Erde! – Welcher Teufel bannte dich her? Ha! Robert, die Stunde meiner Rache schlug; tönte dumpf und schrecklich durch das Reich der Lebenden, melodisch für die Hölle! *(schießt das Gewehr ab)*
ROBERT. *(im Gebüsche)* Weh! Weh!
WOLF. *(stehet starr; läßt die Flinte fallen)* Mörder bist du! Verdammte Stille, die hier herrscht! Deutlich prellt es zurück in mein Ohr, – Mörder ich! *(zieht den Todten hervor, stehet eine Weile stumm und unbeweglich vor ihm; endlich bricht er in ein verzweiflendes Gelächter aus)* Ha, ha, ha! Wirst du itzt reinen Mund halten, guter Freund? Will dirs glauben. *(hebt die Flinte hastig von der Erde, gehet einige Schritte schnell fort, kehrt, aber plötzlich wieder zum Leichnam zurück)* Dein Testament, frostiger Junge, erklärt mich zum Erben. Will treten in den Besitz tiefer im Walde dort. Komm' kalter Kamerade! *(schleppt den Leichnam mit sich in die Scene)*

[...]

Räuberhöhle.

STRANG, GIFTLING, *und* MORDBRAND, KÜTZLERINN *und* SUSE *sitzen um einen mit Speisen und Getränken besetzten Tisch herum. Im Hintergrunde mehrere Männer und Weiber; später* WOLF *und* BLUT.

ALLE MÄNNER singen.

Glück auf! Glück auf dem Räuberchor!
Wir sind der Freyheit Söhne.
Verderben schallt im jeden Ohr;
Nur Tod enthalten unsre Töne.

ALLE WEIBER.

Ihr Männer mit den Mordgewehren,
Mit Messern und mit Feuerröhren,
Ihr liebet doch?

EINIGE MÄNNER.

Wir lieben die Weiber;
Wir leben der Lust.
Frey buhlen die Räuber;
Zwang haßt ihre Brust.

DIE WEIBER.

So liebet in Freuden,
Mit Freyheit die Weiber,
Die gerne erleiden
Das Kosen der Räuber.

ALLE MÄNNER.

Glück auf! Glück auf dem Räuberchor
Wir sind der Freyheit Söhne.
Verderben schallt im jeden Ohr;
Nur Tod enthalten unsre Töne.

(während dem Gesange sind WOLF *und* BLUT *eingetreten.*

BLUT. Hier, Kameraden, unser Sonnenwirth! Heißt ihn willkommen!

ALLE. Sonnenwirth! *(Männer und Weiber drängen sich an Wolfen. Einige küssen ihn, Andere schütteln und drücken ihm die Hände)*

BLUT. Nimm Theil an unserm Mahle, Bruder! Freude würzts, und es gedeyht. *(Alle setzen sich. Wolf kömmt zwischen die Kützlerinn und Suse zu sitzen, die sich wechselseitig bemühen, ihn zu liebkosen).*

BLUT. Sieh, Wolf, sogenannte ehrliche Leute haben dich verworfen, und Räuber nehmen dich auf.

MORDBRAND. Werden dich rächen an deinen Beleidigern.

GIFTLING. Blut und Leben lassen für dich!

STRANG. Schwestern, stimmt das Lied der Freude an!

DIE WEIBER singen.

Es leben unsre Brüder!
So schallen unsre Lieder;
Sie leben hoch!

DIE RÄUBER ohne WOLF und GIFTLING.

Es leben unsre Weiber!

Wir kennen keine Neider;
Sie leben uns!
BLUT. Du siehst, Sonnenwirth, wie wir untereinander leben, und jeder Tag ist dem heutigen gleich. Nicht wahr, Kameraden?
ALLE *ohne* GIFTLING. Jeder Tag wie der heutige.
WOLF. Ihr seyd wahrhaft glücklich.
GIFTLING. *(für sich)* Wie sehr trügt dich die Außenseite!
STRANG. Fühlst dus, Bruder?
MORDBRAND. Glücklich seyn, ist unser Zweck. Und könnten wir ihn wohl erreichen, wenn uns die Welt nicht Räuber nennte?
BLUT. Du kennst die Menschen, Wolf; kennst ihre Verfassung und Sitten. Sprich, was hälst du von Menschen, was hälst du von ihrer Verfassung?
WOLF. Nicht viel Gutes.
BLUT. Deine Zunge sprach eine Lüge; denn dein Blick sagt, sie sind dir ganz unerträglich. Und du hast Recht, Wolf. Wohl dir, daß du der Wenigen Einer bist, die die Natur auserkohr, zu leben auf diesem Planeten, wie sichs ziemt.
WOLF. Wie verstehst du das?
BLUT. Wies liegt in der Natur. Abschütteln soll der Mensch das Joch der Gesetze, soll blos folgen seinem Triebe. Dieß ist der ganze Inhalt unser Pflichten; und sieh, Wolf, wir leben darnach. – Monopole schuf die Natur nicht. Wir dulden keine. Sie gab dem Menschen, wie dem Thiere, Instinkte. Wir thun was diese fodern. Sie pflanzte Begierde nach Rache in das Herz des Menschen. Wir rächen jede Beleidigung. Sie gab uns Kräfte. Wir brauchen sie nach unsrer Neigung. Sklaven des Eigensinns Anderer sind wir nicht. Der Geist der Verfolgung, der Zwietracht und des Neides ist verbannt aus unsrer Mitte.
MORDBRAND. Uns drückt kein Vorurtheil, kein Fanatiker macht unsre Köpfe schwindeln, eingebüldetes Glück ist unser Wunsch nicht; wir lachen der Chimären, die der Unsinn ausbrütet.
STRANG. Gemeinschaft der Güter ist hier zu Hause, Keiner reich, Keiner arm; kein Herr, kein Knecht; alles Bruder; Jeder folgsam dem weisesten Rath.
BLUT. Jeder berächtigt zu fordern, was ihm taugt.
WOLF. Wie, – wenn mir da taugte dieses Weib? *(haltet die Kützlerinn im Arm)*
ALLE *ohne* GIFTLING. Nimm sie! Nimm sie, Wolf! und sey unser Bruder!
BLUT. Bruder und Führer! Bis itzt bin ichs gewesen; aber dir will ich weichen. Seid ihrs zufrieden, Kameraden?
ALLE. Wir sinds zufrieden! Wolf sey unser Führer! *(von innen wird dreymal nacheinander geschossen)*.
BLUT. Hörst dus, Wolf, wies knallt, das Signal neu eroberter Beute? Auf, Kameraden! Laßt sehen, wie sie thätig waren unsre Brüder! Ruhe indessen, Wolf, bald trift die Reihe dich. *(Alle gehen ab, bis auf Giftling und Wolfen. Giftling stehet im Hintergrunde, und beobachtet Wolfen; wird aber von ihm nicht bemerkt)*
WOLF. Die Welt hat mich ausgeworfen, wie einen Verpesteten; hier finde ich brüderliche Aufnahme, Wohlleben und Ehre. Was zauderte ich, Genosse dieser Menschen zu werden! Welche Wahl ich auch treffen konnte, so erwartete mich Tod; hier aber kann ich wenigstens mein Leben für einen höhern Preis verkaufen. – Die Weiber haben mir bis itzt nur Verachtung erwiesen; hier huldigen sie mir; hier erwarten mich Gunst und Vergnügungen. Ich bleibe bey euch, Kameraden! *(gehet ab)*
GIFTLING. *(hervortretend)* Dich will ich retten, und meine Sünden werden mir vergeben! *(gehet ab)*

Hinzuweisen ist noch auf eine Reihe von Schauspielen und Romanen, deren Titel an die Schillersche Geschichte erinnern,

(3) *(Frdr. Spach:)* Verbrechen aus Vaterliebe, Teutsches Original-Trauerspiel in vier Aufz. Augsburg 1787.

(4) *F. W. Raebiger:* Verbrechen und Edelmut. 1791.

(5) *Jos. Koller:* Verbrechen aus Liebe. 1793.

(6) *Johann K. Wilhelm Palm:* Verbrechen aus Unschuld. Ländliches Sittengemälde in 4 Aufz. Halle 1796.

(7) *Karl Friedrich:* Ludovika oder Verbrechen aus Liebe. 1817.

(8) *(Eduard von Ambach:)* Verbrechen aus Habsucht, oder die stumme Anklage des Grabes. Augsb. 1846.

(Angaben zu (3) bis (8) nach Holzmann/Bohatta 1902 – 1928, IV, Nr. 8881 u. 8882; Schneider 1927, S. 653 f.; Goedeke V, 392.)

Es erscheint allerdings auch möglich, daß diese Titelgebungen sich auf Ifflands *Verbrechen aus Ehrsucht* (s. oben Kap. 1.3) beziehen; für (5) und (6) legt Goedeke dies nahe. Bedacht werden muß allerdings auch, daß sich diese Titel-Sprachform auch bei Meißner (s. oben Kap. 1.3) und bei Christian Heinrich Spieß (Bd. 1, 1786) findet. Spieß ordnet seine *Biographien der Selbstmörder* (Bd. 1 – 4. Prag 1786 – 1789) mit Überschriften wie »Selbstmörder aus unglücklicher Liebe« oder »Selbstmörder aus Ehrgeiz«.

Mitte des 19. Jahrhunderts wählt der demokratische Schriftsteller Hermann Kurz den »Sonnenwirt«-Stoff als Gegenstand eines historischen Romans auf der Grundlage einer genauen Auswertung der Akten.

(9) *Hermann Kurz:* Der Sonnenwirt. Stuttgart 1854.

(Die ersten Kapitel dieses Romans erschienen 1846 im Stuttgarter »Morgenblatt«. Das Buch erlebte viele Auflagen [vgl. Stoeß 1913, S. 74], zuletzt 1980. Untersuchungen zu dem Kurzschen Roman finden sich bei Heynen 1913 und neuerdings bei Eggert 1980.)

Teils unabhängig von Kurz, teils in Auswertung seines Erfolgs erscheinen in diesen Jahren weitere Bearbeitungen des Stoffs.

(10) Der Sonnenwirth. Historisches Urbild des poetischen Seelengemäldes: Der Verbrecher aus verlorener Ehre von Schiller. Aus den Akten von *Heinrich Ehregott Linck.* Vaihingen 1850. VI 156, 40 S.

(Die Angaben erfolgen nach Stoeß 1913, S. 67. Diese Schrift konnte von mir ebensowenig aufgefunden werden wie der Vorabdruck in »Die Landpost«, Vaihingen, Nr. 13 vom 1. Mai – Nr. 74 vom 20. Dezember 1849.)

(11) Der Sonnenwirthle oder Leben und Thaten des berüchtigten Räubers und Mörders Johann Friedrich Schwan von Ebersbach. Zur Lehre und Warnung auf's Neue erzählt von *W[ilhelm] Fr[iedrich] Wüst.* Reutlingen 1854. IV, 40 S.

(vgl. hierzu Stoeß 1913, S. 68 und Heynen 1913, S. 35.)

(12) *Adolf Söndermann:* Der Sonnenwirth oder die Herberge im Walde. Volksroman. 100 Hefte (à 20 Pfennige). Berlin 1881 – 82.

(Die Angaben erfolgen nach Brandstätter 1984, S. 126.)

Und wieder kommt es zu Dramatisierungen, die aber ihr Dasein eher in apokryphen Anmerkungen der Sekundärliteratur fristen als daß sie literarische Wirksamkeit erreicht hätten, wofern sie überhaupt abgeschlossen bzw. veröffentlicht worden sind. Zunächst soll ein Philipp Walburg Cramer versucht haben, den Kurzschen Roman zu verbalhornen; eine Auslieferung ist aber offensichtlich von Kurz' Rechtsvertretern verhindert worden (vgl. Heynen 1913, S. 259 – 273). Daraufhin hat Kurz selbst eine Dramatisierung begonnen, aber nicht abgeschlossen; immerhin liegt ein Fragment vor (abgedruckt bei Heynen 1913, S. 300 – 336). W. Heynen erwähnt – ohne nähere Angaben – zwei weitere dramatische Bearbeitungen von Ferdinand Fränkel (1856) und von J. Kneisel (1912) und berichtet von entsprechenden Absichten seitens Ernst Eges und Theodor Mauchs (vgl. Heynen 1913, S. 281 – 286.)

Neuerdings ist die Erinnerung an Schillers Geschichte vom *Verbrecher aus verlorener Ehre* wiederbelebt worden durch Heinrich Bölls Roman *Die verlorene Ehre der Katharina Blum.*

Von außerliterarischen Adaptionen des Stoffs ist nichts bekannt, sieht man von einer Handzeichnung Wilhelm von Kaulbachs – *Die Rückkehr aus dem Kerker* – ab (vgl. Brandstätter 1984, S. 10, 33 und 123).

6 Literaturverzeichnis

1. Schiller

1.1 Schillers Werke und Briefe

Schillers Werke. Nationalausgabe [=NA] – Bd. 16: Erzählungen. Weimar 1954. – Bd. 23: Schillers Briefe 1772 – 1785. Weimar 1956. – Bd. 25: Schillers Briefe 1. 1. 1788 – 28. 2. 1790. Weimar 1979. – Bd. 42: Schillers Gespräche. Weimar 1967.

Friedrich Schiller: Sämtliche Werke. Hrsg. von *Gerhard Fricke* und *Herbert G. Göpfert*. Bd. I – V. München (1959) [7]1984 [= SW I – V].

Schillers Briefe. Hrsg. und mit Anm. vers. von *Fritz Jonas*. Bd. 1 – 7. Stuttgart (o. J.) (1892 – 1896).

1.2 Der Verbrecher aus verlorener Ehre

Friedrich Schiller: Der Verbrecher aus verlorener Ehre und andere Erzählungen. Mit einem Nachwort von *Bernhard Zeller*. Stuttgart 1964 (= Reclam Universal-Bibliothek 8891). [Nach dieser Ausgabe wird im Text mit Seitenangabe zitiert.]

Friedrich von Schiller: Der Verbrecher aus verlorener Ehre und andere Erzählungen. Husum (o. J.) (= 160. Hamburger Leseheft).

Rautenberg, Hans Hermann / Hoppe, Almut / Dehn, Wilhelm: Friedrich Schiller, Der Verbrecher aus verlorener Ehre. Text- und Arbeitsbuch. Frankfurt am Main (1978) [2]1982.

Mahl, Bernd (Hrsg.): Friedrich Schiller: ›Der Verbrecher aus verlorener Ehre‹. Jacob Friedrich Abel: ›Lebensgeschichte Fridrich Schwans‹ mit Materialien. Stuttgart 1983 (= Editionen für den Literaturunterricht).

Brandstätter, Horst (Hrsg.): Der Verbrecher aus verlorener Ehre. Eine wahre Geschichte von Friedrich Schiller. Berlin 1984 (= Wagenbachs Taschenbücherei 117).

Diese Editionen geben durchweg den Text in der Fassung der 2. Auflage wieder (Kleinere prosaische Schriften. Tl. 1. Leipzig 1792), d. h. mit geringfügigen Kürzungen, aber unter Wiederherstellung der in dieser Ausgabe weitgehend getilgten Sperrungen gemäß dem Erstdruck; darin folgen sie der Nationalausgabe. Konsequent an der Textgestalt der »Kleineren prosaischen Schriften« orientieren sich die Herausgeber der SW (V/13 – 35). – Die textlichen Veränderungen gegenüber der Erstausgabe im 2. Heft der »Thalia« (1786) findet man in der NA dokumentiert. Ein Reprint der »Thalia« erschien bei Lang in Bern.

2. Quellen

Abel, Jakob Friedrich: Rede über das Genie. Werden große Geister geboren oder erzogen und welches sind die Merkmale derselbigen? Marbach 1955 (= Turmhahn-Bücherei 21/22). (Neudruck der Rede vom 14. 12. 1776.)

Abel, Jakob Friedrich: Sammlung und Erklärung merkwürdiger Erscheinungen aus dem menschlichen Leben. Tl. 1.2. Frankfurt und Leipzig. Stuttgart. 1784. 1787. – Tl. 2 enthält die »Lebens-Geschichte Fridrich Schwans« (S. 1 – 86). (Neuerdings abgedruckt bei *Bernd Mahl* 1983.)

Abel, Jakob Friedrich: Prof. Abels handschriftliche Aufzeichnungen über Schiller. In: *Richard Weltrich*, Friedrich Schiller. Geschichte seines Lebens und Charakteristik seiner Werke. Bd. 1. Stuttgart 1899, S. 836 – 845.

Abel, Jakob Friedrich: Aufzeichnungen über Schiller. In: *Richard Weltrich*, Neue Mitteilungen. In: Zeitschrift für vergleichende Literaturgeschichte (Berlin) XIV (1904), S. 325 – 329. – Fortsetzung des vorherigen.

Becker, Eva D.: Schiller in Deutschland 1781 – 1970. Materialien zur Schiller-Rezeption. Frankfurt am Main 1972 (= Texte und Materialien zum Literaturunterricht).

Braun, Julius W.: Schiller und Goethe im Urtheile ihrer Zeitgenossen. 1. Abt.: Schiller. Erster Band: 1781 – 1793. Leipzig 1882.

-z. (d. i. *Carl Philipp Conz*): Berichtigung einer Berichtigung. In: Morgenblatt für gebildete Stände (Stuttgart und Tübingen) Nr. 69 (1822), S. 275. [Behauptet Abhängigkeit des »Verbrechers« vom Manuskript Abels.]

Ferguson, Adam: Adam Fergusons Grundsätze der Moralphilosophie. Übersetzt und mit einigen Anmerkungen versehen von *Christian Garve*. Leipzig 1772.

Garve, Christian: Anmerkungen des Übersetzers. In: *Adam Ferguson* 1772, S. 285 – 420.

Garve, Christian: Popularphilosophische Schriften über literarische, ästhetische und gesellschaftliche Gegenstände. Hrsg. von *Kurt Wölfel*. Bd. 1.2. Stuttgart 1974 (= Deutsche Neudrucke, Reihe Texte des 18. Jahrhunderts).

Iffland, A(ugust) W(ilhelm): Verbrechen aus Ehrsucht. Ein Familiengemählde in fünf Aufzügen. In: *A. W. Ifflands* theatralische Werke. Bd. 1. Leipzig 1827, S. 115 – 254.

Kraft, Herbert (Hrsg.): Andreas Streichers Schiller-Biographie. Mannheim, Wien, Zürich 1974 (=Forschungen zur Geschichte Mannheims und der Pfalz, N. F., Bd. 5).

Lavater, Johann Caspar: Physiognomische Fragmente zur Beförderung der Menschenkenntnis und Menschenliebe. Band I. Zürich 1968 (Faksimiledruck nach der Ausgabe 1775 – 1778).

Lichtenberg, Georg Christoph: Über Physiognomik; wider die Physiognomen (1778). In: *G. Chr. L.*, Schriften und Briefe. Hrsg. von *Franz H. Mautner*. 4 Bde. Frankfurt am Main 1983, Bd. 2, S. 78 – 116.

Meißner, August Gottlieb: Blutschänder, Feueranleger und Mörder zugleich, den Gesetzen nach, und doch ein Jüngling von edler Seele. In: *A.G.M.*, Kriminalgeschichten. Tl. 2, 1813.

Moritz, Karl Philipp: Vorschlag zu einem Magazin einer Erfarungs-Seelenkunde. In: Deutsches Museum (Leipzig) 6. Stück (1782), S. 485 – 503.

P. (d. i. C. F. Pockels): Materialien zu einem analytischen Versuche über die Leidenschaften. In: Magazin zur Erfahrungs-Seelenkunde (Berlin) VI/3 (1787), S. 52 – 56.

Oellers, Norbert (Hrsg.): Schiller – Zeitgenosse aller Epochen. Dokumente zur Wirkungsgeschichte Schillers in Deutschland. Tl. I: 1782 – 1859. Frankfurt am Main 1970 (=Wirkung der Literatur, Bd. 2/I).

Steinitz, Wolfgang: Deutsche Volkslieder demokratischen Charakters aus sechs Jahrhunderten. Bd. 1.2. Berlin 1955. 1962. (Reprint in einem Bd. Westberlin 1979.)

Streicher, Andreas: Schiller-Biographie; s. *Herbert Kraft* 1974

3. Zum »Verbrecher aus verlorener Ehre«, zur Tradition des Stoffs und zu Schiller

(Anonym:) Das Räuberbuch. Die Rolle der Literaturwissenschaft in der Ideologie des deutschen Bürgertums am Beispiel von Schillers »Die Räuber«. Frankfurt am Main 1974.

Bauer, Werner M.: Zwischen Galgen und Moral – Kriminalgeschichte und Spätaufklärung im österreichischen Raum. In: *Herbert Zeman* (Hrsg.), Die österreichische Literatur. Ihr Profil im 19. Jahrhundert, 1830 – 1880. Graz 1982, S. 381 – 398.

Bennholdt-Thomsen, Anke / Guzzoni, Alfredo: Der »Asoziale« in der Literatur um 1800. Königstein/Ts. 1979. – Zum »Verbrecher aus verlorener Ehre«: S. 122 – 136.

Berghahn, Klaus L.: Volkstümlichkeit ohne Volk? Kritische Überlegungen zu einem Kulturkonzept Schillers. In: *Reinhold Grimm, Jost Hermand* (Hrsg.), Popularität und Trivialität. Fourth Wisconsin Workshop. Frankfurt am Main 1974, S. 51 – 75.

Berresheim, Fritz: Schiller als Herausgeber der Rheinischen Thalia, Thalia und Neuen Thalia und seine Mitarbeiter. Stuttgart 1914 (= Breslauer Beiträge zur Literaturgeschichte, N. F., H. 40).

Bogdal, Klaus-Michael: Geschichte in der Erzählung. Heinrich von Kleist: Michael Kohlhaas. Friedrich Schiller: Der Verbrecher aus verlorener Ehre. Stuttgart 1986 (=Anregungen für den Literaturunterricht, Pegasus-Klett).

Borchardt, Rudolf: Rede über Schiller (1920). In: *R. B.*, Reden. Stuttgart 1955 (= R. B.: Gesammelte Werke in Einzelbänden, Bd. 1), S. 140 – 174.

Borcherdt, Hans Heinrich: Einführung [zu Schillers Erzählungen]. In: NA 16/367 – 400. – Zum »Verbrecher aus verlorener Ehre«: S. 372 – 382.

Buchwald, Reinhard: Schiller. Bd. 1. 2. Wiesbaden 1953. 1954.

Dau, Rudolf: Friedrich Schiller und die Trivialliteratur. In: Weimarer Beiträge XVI (1970), H. 9, S. 162 – 189.

Doppler, Alfred: Der Abgrund. Studien zur Bedeutungsgeschichte eines Motivs. Graz, Wien, Köln 1968. – Zum »Verbrecher aus verlorener Ehre«: S. 52 – 55.

Elben, G.: Der »Sonnenwirtle«. Aktenmäßige Darstellung. In: Württembergische Vierteljahreshefte für Landesgeschichte (Stuttgart) N. F., 4 (1895), S. 59 – 78.

Fink, Louis-Gonthier: Théologie, Psychologie et Sociologie du Crime. Le Conte Moral de Schubart à Schiller. In: Recherches Germaniques (Strasbourg) 6 (1976), S. 55 – 111.

Freund, Winfried: Die deutsche Kriminalnovelle von Schiller bis Hauptmann. Paderborn 1975. – Zum »Verbrecher aus verlorener Ehre«: S. 12 – 21.

Haslinger, Adolf: Friedrich Schiller und die Kriminalliteratur. In: Sprachkunst. Internationale Beiträge zur Literaturwissenschaft Jg. II (1971), S. 173 – 187.

Herbst, Hildburg: Zur Sprache des Sonnenwirts in Schillers Erzählung »Der Verbrecher aus verlorener Ehre«. In: *Wolfgang Wittkowski* (Hrsg.), Kunst, Humanität und Politik in der späten Aufklärung. Tübingen 1982, S. 48 – 54.

Heyn, Gisa: Der junge Schiller als Psychologe. Phil. Diss. Zürich 1966.

Heynen, Walter: Der »Sonnenwirt« von Hermann Kurz. Berlin 1913 (= Palaestra CXXII).

Hieber, Hermann: Friedrich Schiller als Kriminalschriftsteller. In: Blätter der Freiheit I (1949), Nr. 17 (Sept.), S. 9 – 10.

Hocks, Paul / Schmidt, Peter: Literarische und politische Zeitschriften 1789 – 1805. Stuttgart 1975 (= Sammlung Metzler, Bd. 121).

Hoffmeister, Karl: Schiller's Leben für den weitern Kreis seiner Leser. Erg. u. hrsg. von *Heinrich Viehoff*. 3. Ausg. Tl. 1 – 3. Stuttgart 1858. – Zum »Verbrecher aus verlorener Ehre«: Tl. 2, S. 9 – 11.

Jacoby, Daniel: Schiller und Garve. In: Archiv für Litteraturgeschichte (Leipzig) 7 (1878), S. 95 – 145.

Jacoby, Daniel: Schiller und Garve. In: Euphorion 12 (1905), S. 262 – 271.

Kaiser, Gerhard: Der Held in den Novellen »Eine großmütige Handlung, aus der neuesten Geschichte« und »Der Verbrecher aus verlorener Ehe [!]«. In: *G. K., Von Arkadien nach Elysium*. Göttingen 1978, S. 45 – 58.

Keller, Heinrich: Schillers Prosa. Phil. Diss. Zürich (Druck: Winterthur) 1965.

Klein, Johannes: Geschichte der deutschen Novelle von Goethe bis zur Gegenwart. Wiesbaden ⁴1960.

Köpf, Gerhard: Erzählstrategie und ›republikanische Freiheit des lesenden Publikums‹. Eine Untersuchung zu Schillers Erzählung ›Der Verbrecher aus verlorener Ehre‹. In: Literatur für Leser 1 (1978), S. 93 – 113.

Köpf, Gerhard: Friedrich Schiller: Der Verbrecher aus verlorener Ehre. München 1978 (a) (= Analysen zur deutschen Sprache und Literatur).

Koffka, Wilhelm: Iffland und Dalberg. Geschichte der classischen Theaterzeit Mannheims. Leipzig 1865.

Kommerell, Max: Schiller als Psychologe. In: *M. K., Geist und Buchstabe der Dichtung*. Frankfurt am Main ²1942. (Wiederabgedr. in: *M. K., Dame Dichterin und andere Essays*. München 1967 [= dtv 424], S. 65 – 115.)

Koopmann, Helmut: Schiller-Kommentar. Bd. 1. 2. München 1969. – Zum »Verbrecher aus verlorener Ehre«: Bd. 1, S. 225 f.

Kraft, Herbert: Geschichtsschreibung mit dem Bedürfnis nach Einmischung: ›Der Verbrecher aus verlorener Ehre. Eine wahre Geschichte‹. In: *H. K., Um Schiller betrogen*. Pfullingen 1978, S. 104 – 109. (Abgedruckt bei *Bernd Mahl* 1983, S. 96 – 101.)

Lecke, Bodo: Schillers »Verbrecher aus verlorener Ehre«. Zur Aktualisierung eines Klassikers. In: *B. L.* (Hrsg.), Projekt Deutschunterricht 9. Stuttgart 1975, S. 113 – 145.

Marsch, Edgar: Die Kriminalerzählung. Theorie – Geschichte – Analyse. München 1972. – Zum »Verbrecher aus verlorener Ehre«: S. 105 – 121.

Martini, Fritz: Der Erzähler Friedrich Schiller. In: *Bernhard Zeller* (Hrsg.), Schiller. Reden im Gedenkjahr 1959. Stuttgart 1961, S. 124 – 158.

Mayer, Hans: Die Erzählungen [Friedrich Schillers]. In: *H. M., Zur deutschen Klassik und Romantik*. Pfullingen 1963, S. 147 – 164.

McCarthy, John A.: Die republikanische Freiheit des Lesers. Zum Lesepublikum von Schillers »Der Verbrecher aus verlorener Ehre«. In: Wirkendes Wort 29 (1979), S. 28 – 43.

Middell, Eike: Friedrich Schiller. Leben und Werk. Leipzig 1982. – Zum »Verbrecher aus verlorener Ehre«: S. 184 – 187.

Minor, J(acob): Schiller. Sein Leben und seine Werke. Bd. 1.2. Berlin 1890. – Zum »Verbrecher aus verlorener Ehre«: Bd. 2, S. 464 – 474 (617 f.).

Müller, Franz: Schillers Vorbild zum »Verbrecher aus verlorener Ehre«. Unter Zugrundelegung einer demnächst erscheinenden Geschichte der Orte Bauerbach, Jöhlingen und Wöschbach. In: Der Pfeiferturm (Bretten), Nr. 6 (1938), Sp. 117 – 122.

Neis, Edgar: Klassiker wieder aktuell. Wie finden Schüler heute Zugang zur Dichtung der Goethezeit? Freiburg 1979. – Zum »Verbrecher aus verlorener Ehre«: S. 41 – 48.

Oettinger, Klaus: Schillers Erzählung »Der Verbrecher aus Infamie«. Ein Beitrag zur Rechtsaufklärung der Zeit. In: Jahrbuch der deutschen Schillergesellschaft 16 (1972), S. 266 – 276.

Oppenheim, D. E.: Zu Schillers Novelle: Der Verbrecher aus verlorener Ehre. In: Zeitschrift für Individualpsychologie (Wien) 6 (1928), S. 358 – 362.

Reinert, Claus: Das Unheimliche und die Detektivliteratur. Bonn 1973. – Zum »Verbrecher aus verlorener Ehre«: S. 59 – 66.

Reinitzhuber, Holger: Schillers »Geschichte des Dreißigjährigen Kriegs« als schriftstellerische Leistung. Phil. Diss. Kiel 1970.

Riemann, Robert: Schiller als Novellist. In: Euphorion, Bd. 12 (1905), S. 534 – 546.

Schanzenbach, Otto: Französische Einflüsse bei Schiller. Stuttgart 1885 (= Programm des Eberhard-Ludwigs-Gymnasiums in Stuttgart zum Schlusse des Schuljahrs 1884 – 85. Tl. 1). (Rezension von *Oskar Walzel* in: Archiv für Litteraturgeschichte, Bd. XV, S. 205 – 208.)

Schönhaar, Rainer: Novelle und Kriminalschema. Ein Strukturmodell deutscher Erzählkunst um 1800. Bad Homburg v. d. H., Berlin, Zürich 1969. – Zum »Verbrecher aus verlorener Ehre«: S. 78 – 80.

Schott, Theodor: Johann Friedrich Schwan. In: ADB, Bd. XXXIII, S. 177 – 181.

Sharpe, Lesley: »Der Verbrecher aus verlorener Ehre«: An early exercise in Schillerian Psychology. In: German Life and Letters, N. S., Vol. XXXIII (1979/80), S. 102 – 110.

Staiger, Emil: Friedrich Schiller. Zürich 1967.

Stern, Erich: Der Verbrecher aus verlorener Ehre. Bemerkungen zu Schillers gleichnamiger Erzählung. In: Die medizinische Welt, 2. Jg. (1928), Nr. 1, S. 35 – 38.

Stoeß, Willi: Die Bearbeitungen des »Verbrechers aus verlorener Ehre«. Stuttgart 1913 (= Breslauer Beiträge zur Literaturgeschichte, N. F., H. 37).

Storz, Gerhard: Sprache und Dichtung. München 1957. – Zum »Verbrecher aus verlorener Ehre«: S. 229 – 231.

Storz, Gerhard: Der Dichter Friedrich Schiller. Stuttgart 1959. – Zum »Verbrecher aus verlorener Ehre«: S. 174 – 178.

Tönnies, Ferdinand / Schlüter, Wilhelm: Schiller und das Verbrecherproblem. In: Deutschland. Monatsschrift für die ges. Kultur (Berlin), Nr. 32 (1905), S. 164 – 190.

Vilmar, A.F.C.: Geschichte der Deutschen National-Literatur. Berlin 1907. (Erstaufl. 1845.)

Vogt, Jochen (Hrsg.): Der Kriminalroman. Zur Theorie und Geschichte einer Gattung. Bd. 1. 2. München 1971 (= UTB 81/82).

von Wiese, Benno: Die deutsche Novelle von Goethe bis Kafka. Interpretationen I. Düsseldorf (^{1}1956) 1974. – Zum »Verbrecher aus verlorener Ehre«: S. 33 – 44.

von Wiese, Benno: Friedrich Schiller. Stuttgart (^{1}1959) ^{4}1978.

Williams, Anthony: The ambivalences in the plays of the young Schiller about contemporary Germany. In: *Bernd Lutz* (Hrsg.), Deutsches Bürgertum und literarische Intelligenz 1750 – 1800. Stuttgart 1974 (= Literaturwissenschaft und Sozialwissenschaft 3).

Wulffen, Erich: Kriminalpsychologie und Psychopathologie in Schillers Räubern. Halle a. d. S. 1907.

von Wolzogen, Caroline: Schillers Leben. Verfaßt aus Erinnerungen der Familie seinen eigenen Briefen und den Nachrichten seines Freundes Körner. Stuttgart und Tübingen 1850.

Zeller, Bernhard: Nachwort. In: *Friedrich Schiller*, Der Verbrecher aus verlorener Ehre und andere Erzählungen. Stuttgart 1964 (= RUB 8891), S. 61 – 69.

4. Allgemeine Darstellungen

von Bar, Carl Ludwig: Geschichte des deutschen Strafrechts und der Strafrechtstheorien. 1. (einziger) Bd. des Handbuchs des deutschen Strafrechts. (Neudruck der Ausgabe Berlin 1882.) Aalen 1974.

Beaujean, Marion: Der Trivialroman in der zweiten Hälfte des 18. Jahrhunderts. Bonn 1964.

Beyer, Hugo: Die moralische Erzählung in Deutschland bis zu Heinrich von Kleist. Frankfurt am Main 1941 (= Frankfurter Quellen und Forschungen zur germanischen und romanischen Philologie, H. 30).

Biedermann, Karl: Deutschland im 18. Jahrhundert. 2 Bde. (5 Tle. u. Register) in 4 Bdn. (Neudruck der 2. Aufl. Leipzig 1880.) Aalen 1969.

Borchmeyer, Ursula: Die deutschen Prosaerzählungen des achtzehnten Jahrhunderts unter besonderer Berücksichtigung der Zeitschriften »Der Deutsche Merkur« und »Das Deutsche Museum«. Phil. Diss. (Masch.) Münster 1955.

Brauer, Walter: Geschichte des Prosabegriffes von Gottsched bis zum Jungen Deutschland. Frankfurt am Main 1938 (= Frankfurter Quellen und Forschungen zur germanischen und romanischen Philologie, H. 18) Reprint Hildesheim 1974.

Bruford, Walter H.: Die gesellschaftlichen Grundlagen der Goethezeit. (1. Aufl. dt. Weimar 1936.) Frankfurt, Berlin, Wien 1975.

Dessoir, Max: Geschichte der neueren deutschen Psychologie. Bd. 1. (2., umgearb. Aufl.) Berlin 1902.

Distel, Theodor: Zur Todesstrafe gegen Wilderer in Kursachsen. In: Zeitschrift für die gesamte Strafrechtswissenschaft (Berlin), Jg. 13 (1893), S. 259 – 278.

Eggert, Hartmut: Hermann Kurz: »Der Sonnenwirt« (1855). Fiktion und Dokument – Formkrise des historischen Romans im 19. Jahrhundert. In: *Horst Denkler* (Hrsg.), Romane und Erzählungen des Bürgerlichen Realismus. Neue Interpretationen. Stuttgart 1980, S. 124 – 137.

Fürst, Rudolf: August Gottlieb Meißner. Eine Darstellung seines Lebens und seiner Schriften mit Quellenuntersuchungen. Stuttgart 1894.

Fürst, Rudolf: Die Vorläufer der modernen Novelle. Ein Beitrag zur vergleichenden Litteraturgeschichte. Halle 1897.

Gebauer, Curt: Geistige Strömungen und Sittlichkeit im 18. Jahrhundert. Beiträge zur deutschen Moralgeschichte. Berlin 1931.

Himmel, Heinrich: Geschichte der deutschen Novelle. Bern, München 1963.

Hobsbawm, Eric J.: Sozialrebellen. Archaische Sozialbewegungen im 19. und 20. Jahrhundert. Neuwied, Berlin 1962 (= Soziologische Texte, Bd. 14).

Hobsbawm, Eric J.: Die Banditen. Frankfurt am Main 1972.

Hofmann, Hanns Hubert: Adelige Herrschaft und souveräner Staat. Studien über Staat und Gesellschaft in Franken und Bayern im 18. und 19. Jahrhundert. München 1962 (= Studien zur bayerischen Verfassungs- und Sozialgeschichte, Bd. 2).

Holzmann, Michael / Bohatta, Hanns: Deutsches Anonymen-Lexikon. Bd. 1 – 7. Weimar 1902 – 1928. (Bd. 4).

Jacobs, Jürgen: Prosa der Aufklärung. Moralische Wochenschriften – Autobiographie – Satire – Roman. Kommentar zu einer Epoche. München 1976.

Kaim-Kloock, Lore: Gottfried August Bürger. Zum Problem der Volkstümlichkeit in der Lyrik. Berlin/DDR 1963.

Kanzog, Klaus: Erzählstrategie. Eine Einführung in die Normeinübung des Erzählens. Heidelberg 1976 (= UTB 495).

Knapp, Theodor: Neue Beiträge zur Rechts- und Wirtschaftsgeschichte des württembergischen Bauernstandes. (Neudruck der Ausg. Tübingen 1919.) Aalen 1964.

Köhn, Lothar: Dialektik der Aufklärung in der deutschen Novelle. In: Deutsche Vierteljahrsschrift für Literaturwissenschaft und Geistesgeschichte 51 (1977), S. 436 – 458.

Küther, Carsten: Räuber und Gauner in Deutschland. Das organisierte Bandenwesen im 18. und frühen 19. Jahrhundert. Göttingen 1976 (= Kritische Studien zur Geschichtswissenschaft, Bd. 20).

Ludwig, Theodor: Der badische Bauer im achtzehnten Jahrhundert. Straßburg 1896 (= Abhandlungen aus dem staatswissenschaftlichen Seminar zu Straßburg, H. XVI).

Martens, Wolfgang: Die Botschaft der Tugend. Die Aufklärung im Spiegel der deutschen Moralischen Wochenschriften. Stuttgart 1968.

Quanter, Rudolf: Deutsches Zuchthaus- und Gefängniswesen von den ältesten Zeiten bis in die Gegenwart. Leipzig o. J. (1904).

Schmidt, Eberhard: Einführung in die Geschichte der deutschen Strafrechtspflege. Göttingen [3]1965.

Schneider, Max: Deutsches Titelbuch. Berlin [2]1927.

Stulz, Percy / Opitz, Alfred: Volksbewegungen in Kursachsen zur Zeit der Französischen Revolution. Berlin/DDR 1956.

Grundlagen und Gedanken zum Verständnis erzählender Literatur

Interpretationshilfen

Herausgegeben von Hans-Gert Roloff.